中国旅游统计年鉴

THE YEARBOOK OF CHINA TOURISM STATISTICS

2010

中华人民共和国国家旅游局

NATIONAL TOURISM ADMINISTRATION OF

THE PEOPLE'S REPUBLIC OF CHINA

中国旅游统计年鉴编辑委员会

LIST OF EDITORIAL BOARD OF THE YEARBOOK OF CHINA TOURISM STATISTICS

1980~2009 年入境旅游人数和国际旅游（外汇）收入

ANNUAL VISITOR ARRIVALS AND TOURISM RECEIPTS 1980-2009

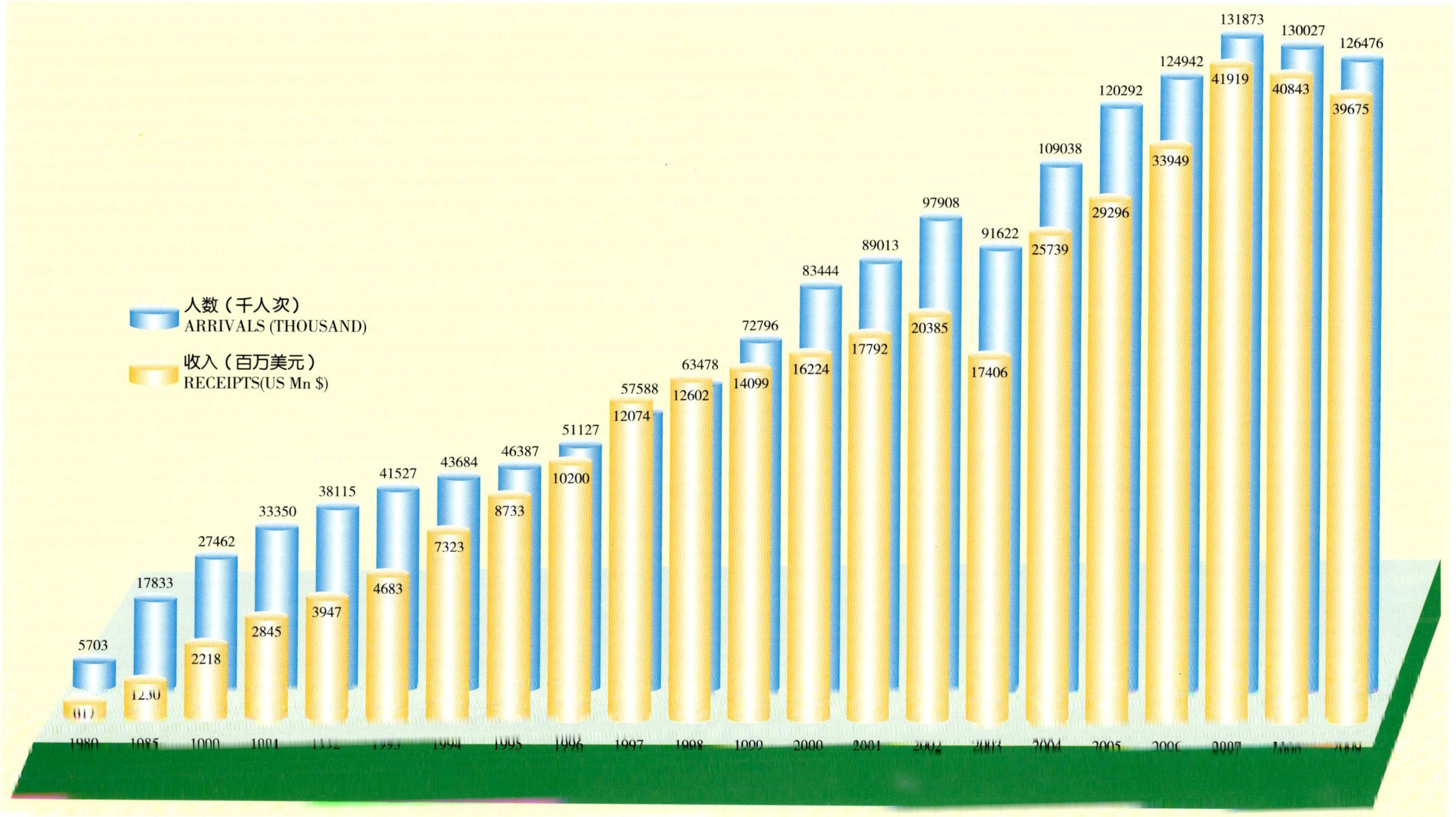

1980~2009年入境旅游人数和国际旅游（外汇）收入增长速度

ANNUAL INCREASING RATES OF VISITOR ARRIVALS AND TOURISM RECEIPTS 1980–2009

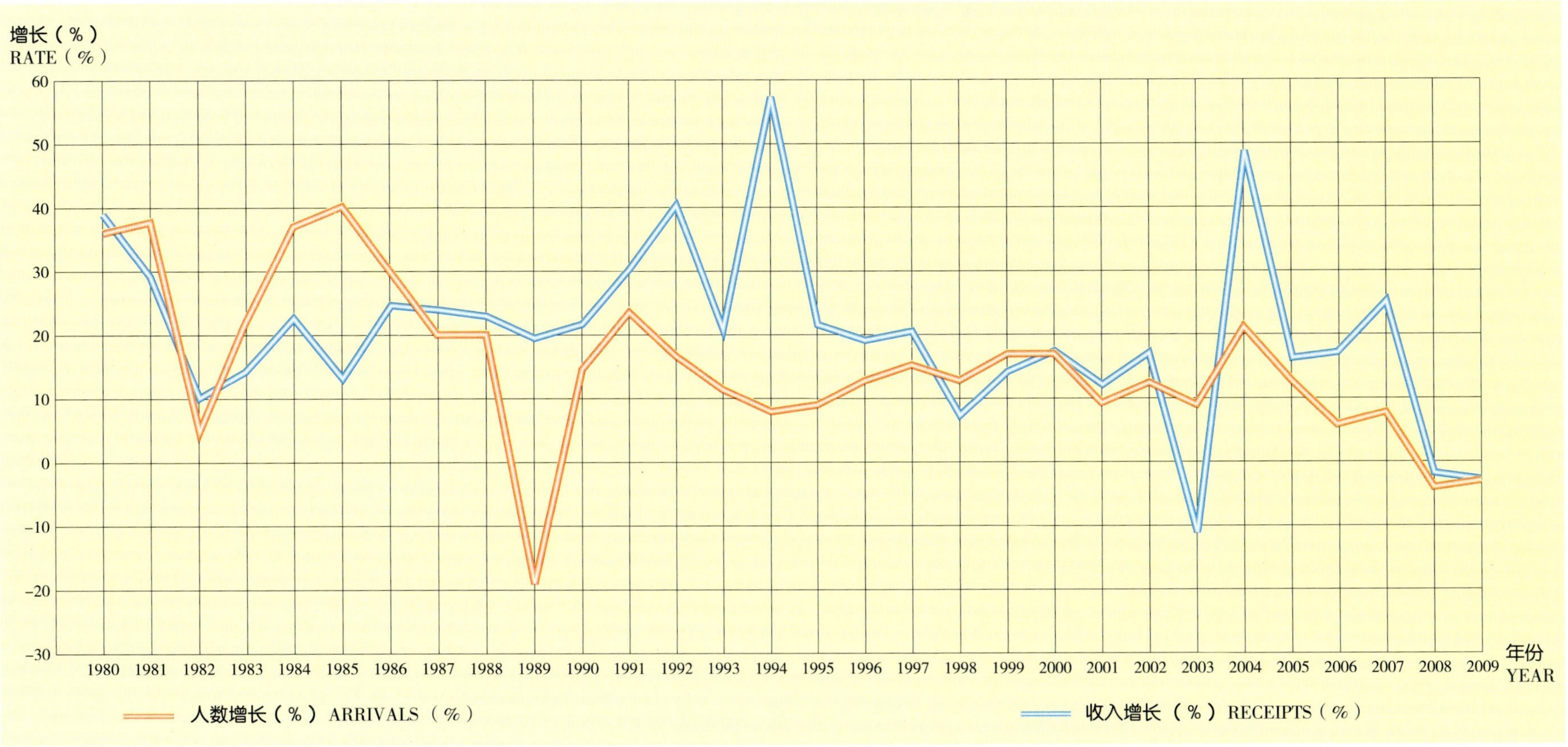

1995~2009 年旅游业总收入
TOTAL INCOME OF CHINA'S TOURISM INDUSTRY 1995–2009

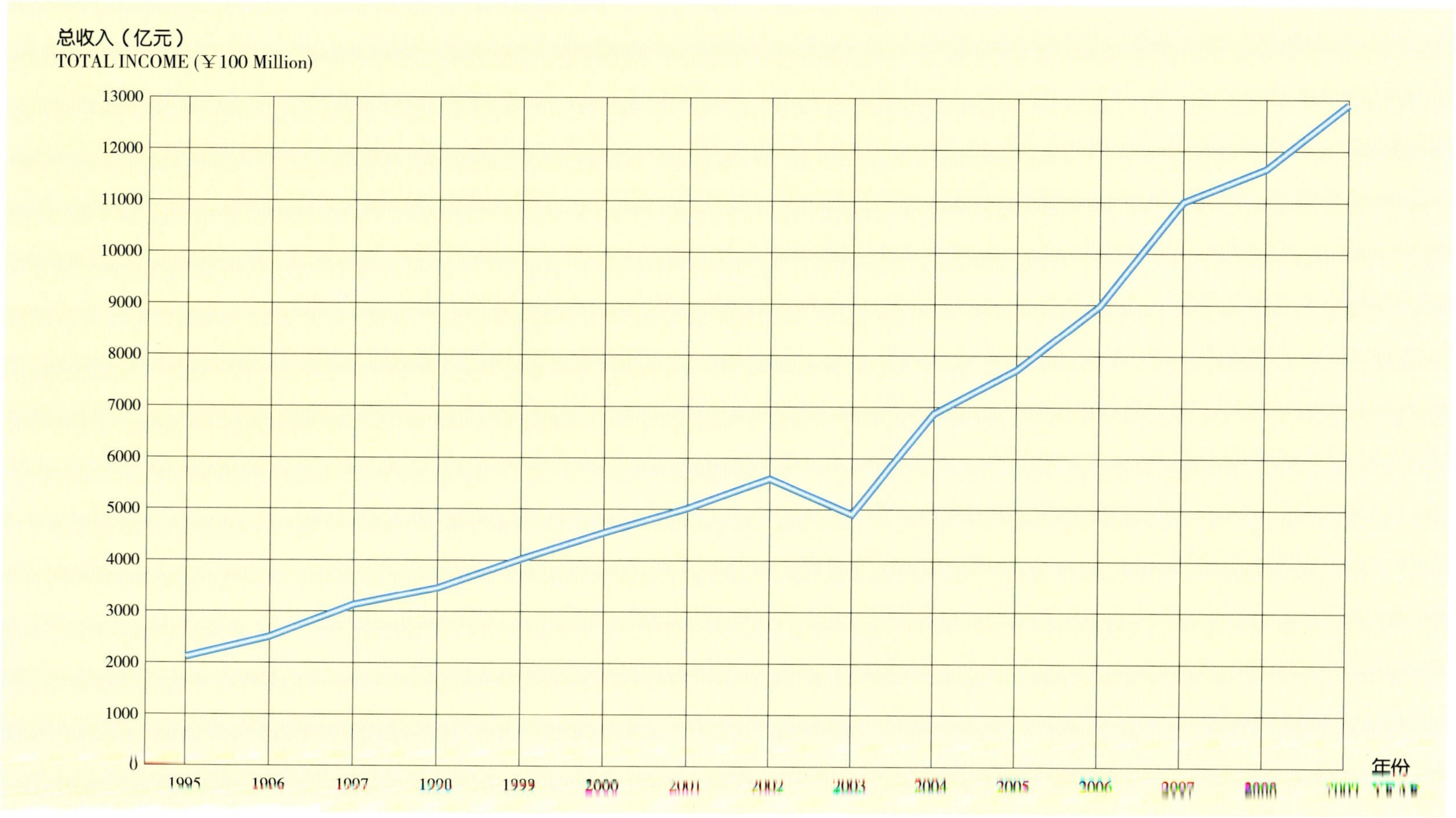

2008~2009 年主要国家入境旅游人数
FOREIGN VISITOR ARRIVALS FROM THE MAIN GENERATING COUNTRIES 2008-2009

2007~2009 年各月入境外国游客人数
MONTHLY FOREIGN VISITOR ARRIVALS 2007-2009

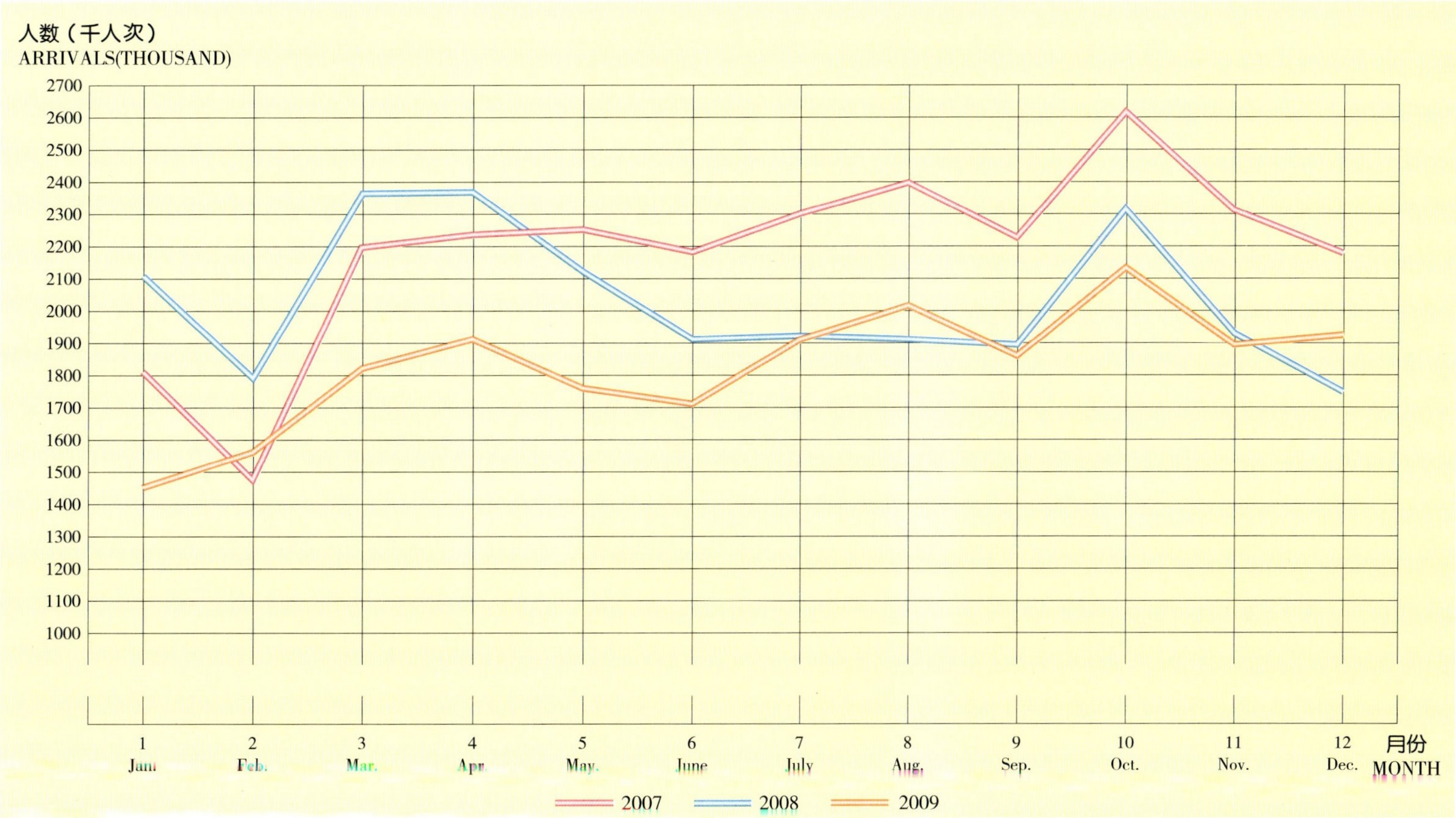

2009 年主要城市接待入境旅游者人数
ARRIVALS TO MAJOR CITIES 2009

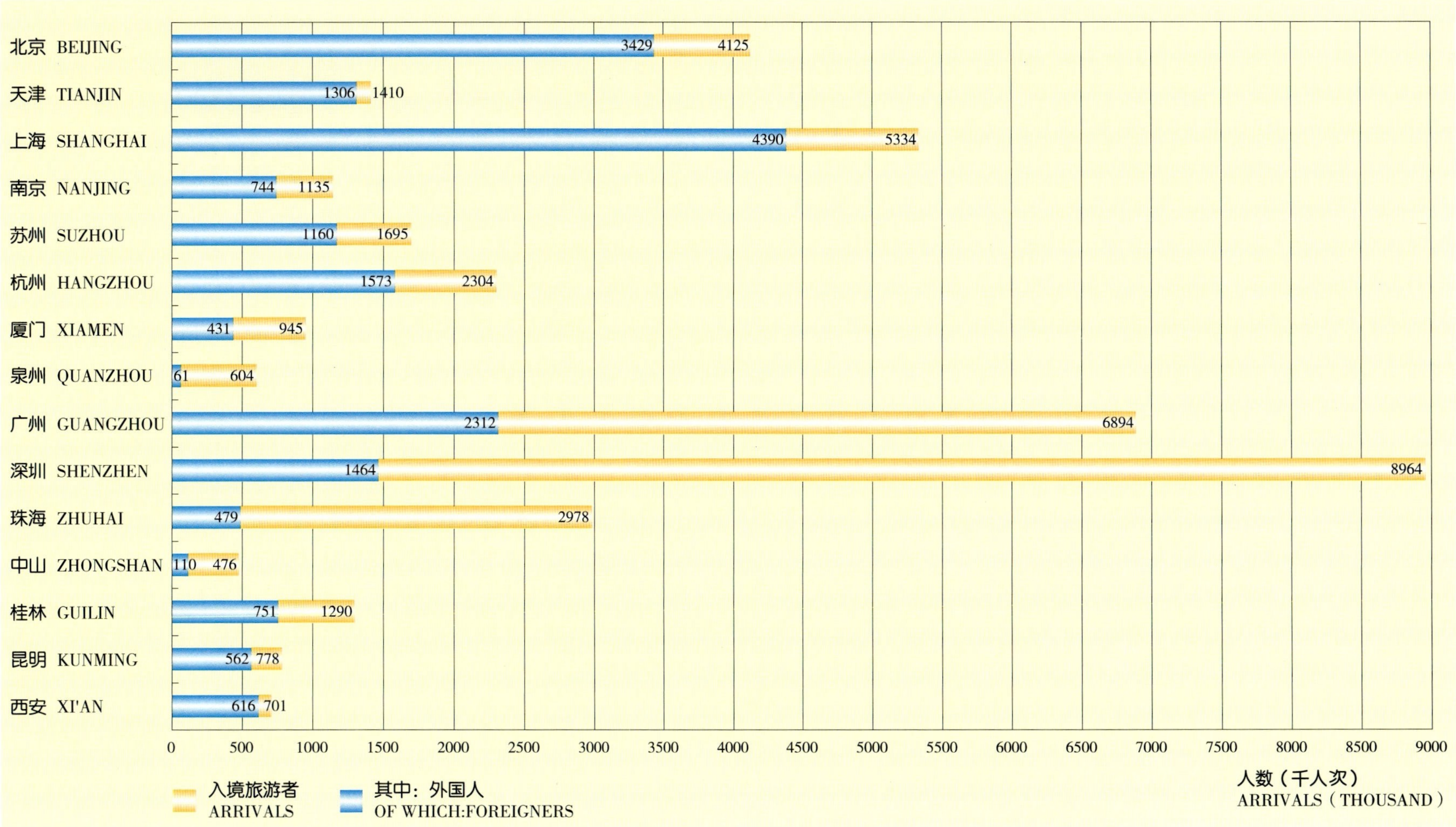

2009年入境外国游客人数构成（按地区分）
BREAKDOWN OF FOREIGN VISITOR ARRIVALS BY REGION 2009

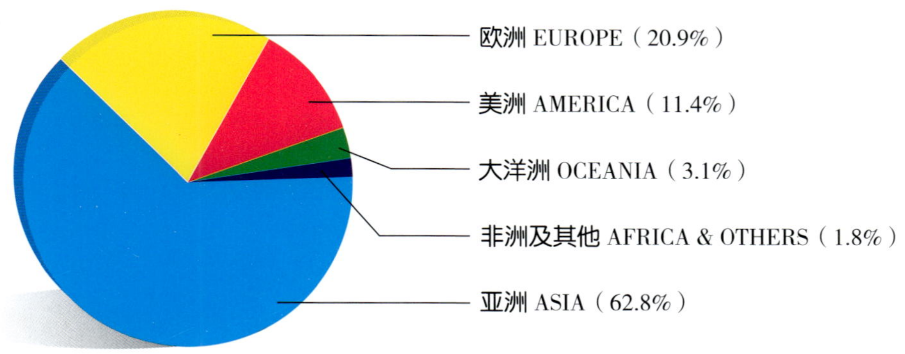

2009年入境外国游客人数构成（按入境方式分）
BREAKDOWN OF FOREIGN VISITOR ARRIVALS BY MODE OF TRANSPORT 2009

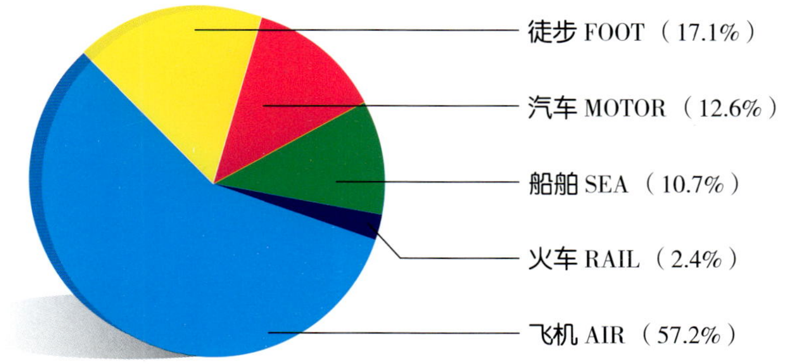

2009 年入境外国游客人数构成（按年龄分）

BREAKDOWN OF FOREIGN VISITOR ARRIVALS BY AGE 2009

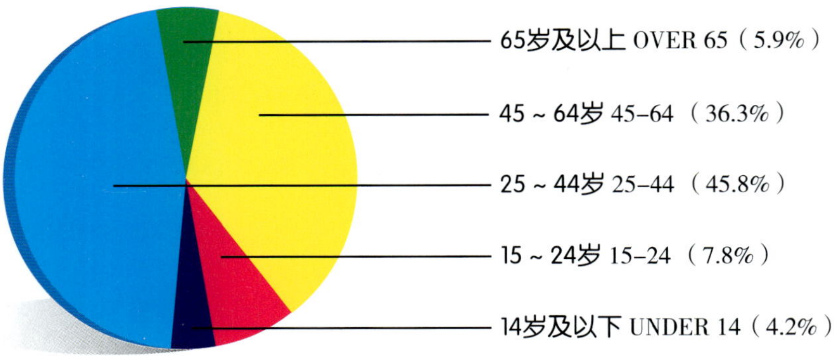

2009 年入境外国游客人数构成（按目的分）

BREAKDOWN OF FOREIGN VISITOR ARRIVALS BY PURPOSE 2009

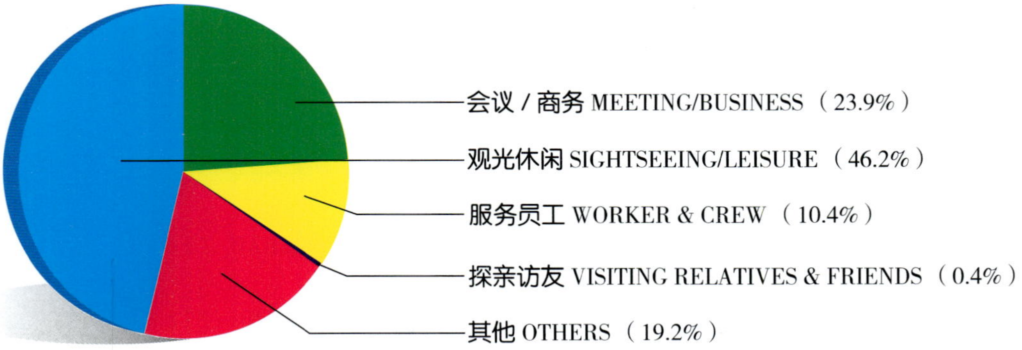

2009年国际旅游（外汇）收入构成
BREAKDOWN OF INTERNATIONAL TOURISM RECEIPTS 2009

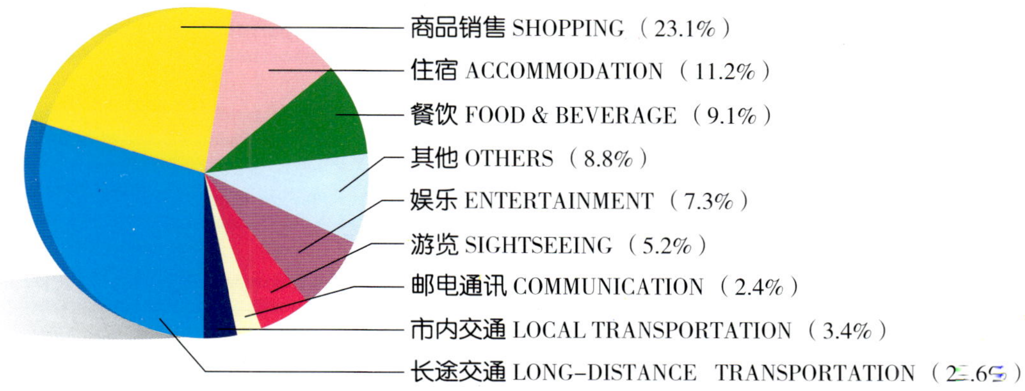

2009年国际旅游（外汇）收入（按来源分）
INTERNATIONAL TOURISM RECEIPTS 2009

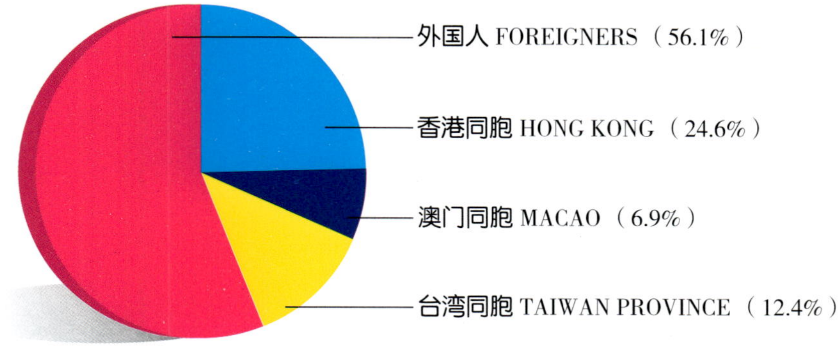

1992~2009 年星级饭店数及客房数

NUMBER OF STAR-RATED HOTELS & ROOMS 1992-2009

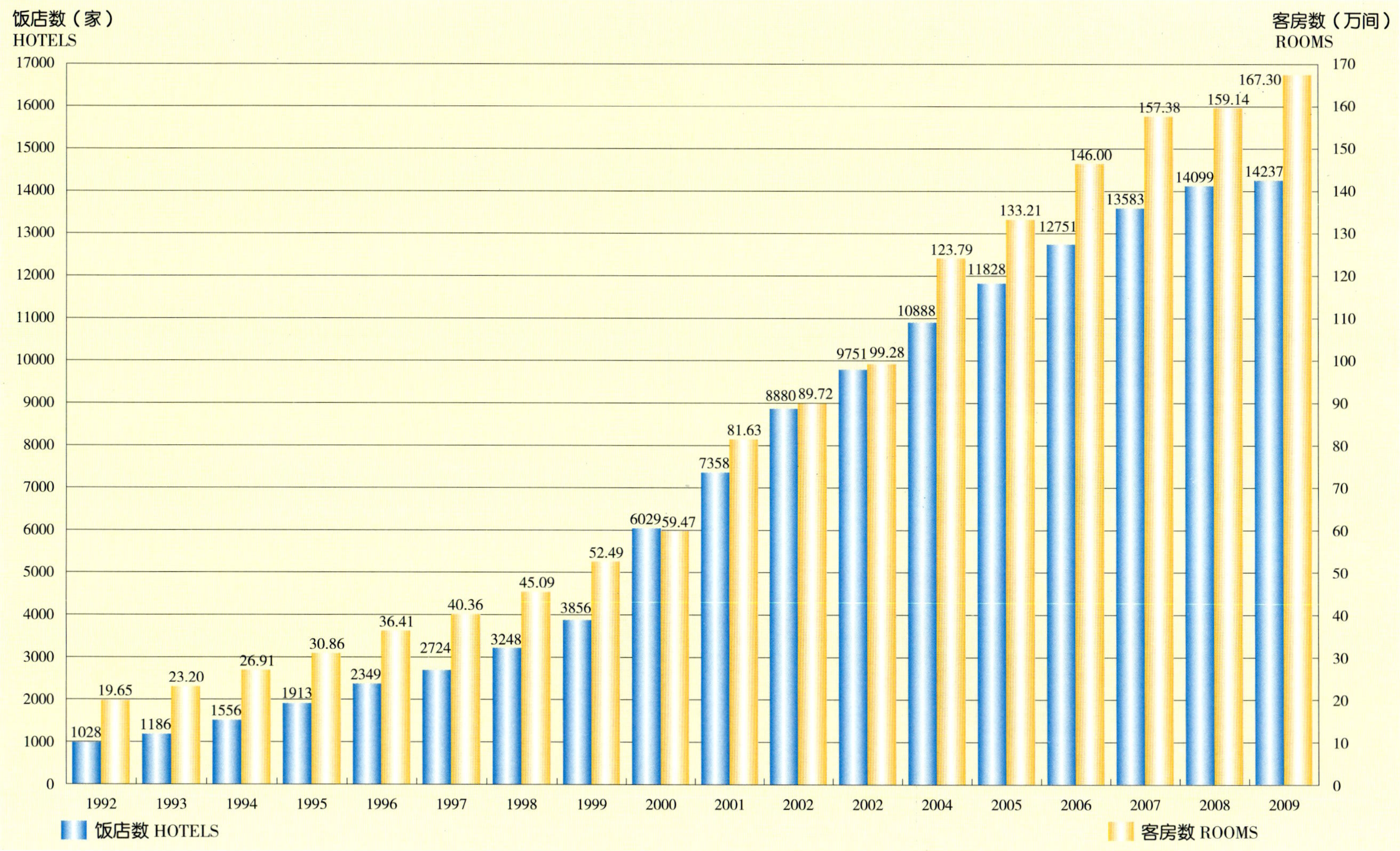

2009 年不同星级饭店的数量及客房数

NUMBER OF DIFFERENT STAR-RATED HOTELS & ROOMS 2009

编　者　说　明

《中国旅游统计年鉴2010》是一本全面反映2009年中华人民共和国旅游业发展情况的资料性年刊。全书为中英文对照版本，内容分为：2009年中国旅游业统计公报和入境旅游人数、入境外国游客主要特征、国际旅游（外汇）收入、国内旅游基本情况、地方接待入境旅游者情况、星级饭店基本情况、旅行社基本情况、旅游企事业单位基本情况等共八个部分的统计资料。

本年鉴所附的《旅游统计基本概念和主要指标解释》，是对主要旅游统计指标的含义、统计范围和统计方法所作的简要说明。

本年鉴资料来源于全国各地旅游部门、统计部门和公安边检等部门。全国统计数据均未包括我国台湾省、香港特别行政区和澳门特别行政区的数字。本年鉴的统计数字是按国家旅游局和国家统计局联合制定的《旅游统计调查制度》规定的口径进行统计和汇总的，个别特殊的地方做了注释和说明。在编辑过程中，我们对2009年各月的数字进行了核实、调整，读者在使用时如发现已经公布的统计数字与本年鉴数字不符，则以本年鉴数字为准。

本年鉴是了解中国旅游业2009年发展情况的权威性资料，可供旅游部门、国民经济各有关部门、教学科研单位以及旅游经济的科研人员、大专院校师生使用。海外旅游业同行、有关行业内人士以及入境旅游的外国人、港澳台同胞亦可从中得到有关统计信息。本年鉴中凡带有续表的资料，如有注解均加在第一张表下面，请读者使用时注意。表中有“#”号者表示为该栏的主要项或其中项；有“＊”号者表示本表下有注解；空格处表示该项数据不详或以前年份无该数据。统计表下注有资料来源单位，未注明的均为国家旅游局提供。

中国旅游统计年鉴编委会

二〇一〇年九月

INTRODUCTION

The Yearbook of China Tourism Statistics for 2010 is a yearly review with information on the overall development of the tourism industry in the People's Republic of China in 2009. Written in English and Chinese, the information in this Yearbook covers eight aspects: Statistics Report on China's Tourism Industry in 2009 and visitor arrivals to China, major profile of international visitors to China, international tourism receipts, domestic tourism, business of different regions, business of star-rated hotels, business of travel agencies, travel enterprises and non-business institutions.

A note to the Index of Major Statistic Terms is attached at the end of the Yearbook, which gives a brief explanation of the meaning of main toruism statistics, scope and method of data-collecting.

The data of the Yearbook come from the tourism departments, statistical departments, and ports of entry and exit of public security departments throughout the country. The statistics of Taiwan Province, Hong Kong Special Administrative Region and Macao Special Administrative Region are not included. All the data are processed and compiled in line with the requirements set forth in the tourism statistics reporting system jointly formulated by the National Tourism Administration and the State Statistics Bureau, and explanatory notes are provided in some special cases. Re-check and re-adjustments have been made to the figures of each month in 2009, and if some inconsistency is found between the published figures and the figures in this Yearbook, the latter should be taken as authentic.

This Yearbook provides authoritative data on the development of China's tourism industry in 2009, which is useful to tourism departments, relevant departments of the national economy, education and research institutes, and students and teachers. The overseas travel trade, relevant people of the industry and foreign tourists to China, compatriots from Hong Kong, Macao and Taiwan can also benefit from this Yearbook.

In the Yearbook, wherever a table is contiuned on the next page, footnotes are given on the first page. The mark "#" denotes headline entry, while the mark

" * " leads to footnotes. A blank cell means relevant data unclear or the relevant figure for previous years not available. Sources of the data are acknowledged beneath the table. All the unacknowledged data are provided by the National Tourism Administration.

Editing Committee of
the Yearbook of China Tourism Statistics
September, 2010

目　录

CONTENTS

2009年中国旅游业统计公报

国　家　旅　游　局

（2010年9月）

2009年，是我国旅游业特别是入境旅游经受严峻考验和挑战的一年，全国旅游行业化挑战为机遇，保持了旅游业总体平稳较快增长。全年共接待入境游客1.26亿人次，实现国际旅游（外汇）收入396.75亿美元，分别比上年下降2.7%和2.9%；国内旅游人数19.02亿人次，收入10183.69亿元人民币，分别比上年增长11.1%和16.4%；中国公民出境人数达到4765.63万人次，比上年增长4.0%；旅游业总收入1.29万亿元人民币，比上年增长11.3%。

一、入境旅游业实绩

——入境旅游人数12647.59万人次，比上年下降2.7%。其中：外国人2193.75万人次，下降9.8%；香港同胞7733.60万人次，下降1.3%；澳门同胞2271.84万人次，下降1.1%；台湾同胞448.40万人次，增长2.2%。

——入境过夜旅游者人数5087.52万人次，比上年下降4.1%。其中：外国人1769.69万人次，下降10.2%；香港同胞2549.79万人次，下降0.7%；澳门同胞384.80万人次，下降0.8%；台湾同胞383.24万人次，增长0.9%。

——国际旅游（外汇）收入达396.75亿美元，比上年下降2.9%。

二、国内旅游业实绩

——全国国内旅游人数19.02亿人次，比上年增长11.1%。其中：城镇居民9.03亿人次，农村居民9.99亿人次。

——全国国内旅游收入10183.69亿元人民币，比上年增长16.4%。其中：城镇居民旅游消费7233.79亿元，农村居民旅游消费2949.90亿元。

——全国国内旅游出游人均花费535.4元，比上年增长4.8%。其中：城镇居民国内旅游出游人均花费801.1元，农村居民国内旅游出游人均花费295.3元。

——在春节、“十一”两个“黄金周”中，全国共接待国内游客3.37亿人次，实现旅游收入1516亿元。

三、入境旅游客源市场情况

1. 外国市场

2009年，我国入境外国客源市场受各方面因素的影响，入境外国游客人数2193.75万人次，比上年下降9.8%。

——亚洲市场份额增大，占入境外国人总数的62.8%，比上年提升2.9个百分点，亚洲各国入境总人数比上年下降5.4%。其中：日本为第一大入境客源国。

——洲际市场境遇不同。美洲入境人数与上年相比基本持平；非洲入境人数与上年相比小幅增长，增幅为6.0%；欧洲和大洋洲入境人数比上年下降，分别下降24.9%和2.4%。

——2009年，外国入境过夜旅游者在我国境内平均停留时间为7.6天，比上年增加0.6天，增长8.6%；人均天花费为192.93美元，比上年减少7.5美元，下降3.7%。

16个主要客源国2009年的入境旅游人数和增长情况如下：

序号	国家	入境旅游人数（万人次）	比上年增长（%）
1	日本	331.75	-3.7
2	韩国	319.75	-19.3
3	俄罗斯	174.30	-44.2
4	美国	170.98	-4.3
5	马来西亚	105.90	1.8
6	新加坡	88.95	1.6
7	菲律宾	74.89	-5.8
8	蒙古	57.67	-18.2
9	澳大利亚	56.15	-1.7
10	加拿大	55.03	2.9
11	泰国	54.18	-2.2
12	英国	52.88	-4.1
13	德国	51.85	-2.0
14	印度尼西亚	46.90	10.0
15	印度	44.89	2.8
16	法国	42.48	-1.2

2. 港澳台地区市场

2009年，作为入境旅游市场的主体的港澳台市场中，除台湾市场比上年增长外，香港和澳门市场均略有下降。

——2009年，香港市场入境人数7733.60万人次，比上年下降1.3%。其中：过夜旅游者2549.79万人次，下降0.7%，占33.0%；一日游人数5183.81万人次，下降1.6%，占67.0%。

——2009年，澳门市场入境人数2271.84万人次，比上年下降1.1%。其中：过夜旅游者384.80万人次，下降0.8%，占16.9%；一日游人数1887.04万人次，下降1.1%，占83.1%。

——2009年，台湾市场入境人数448.40万人次，比上年增长2.2%。其中：过夜旅游者383.24万人次，增长0.9%，占85.5%；一日游人数65.16万人次，增长10.8%，占14.5%。

四、各省、自治区、直辖市入境旅游接待与收入情况

——2009年，全国各省、自治区、直辖市接待的入境旅游者总计为8039.19万人次，比上年增长7.2%。接待量超过50万人次的有广东、浙江、江苏、上海、北京、福建、山东、辽宁、云南、广西、安徽、陕西、黑龙江、天津、湖北、湖南、内蒙古、河南、山西、重庆、江西、四川、河北、吉林和海南等25个省（区、市）。广东省接待入境旅游者2747.80万人次，继续居全国第一位。

——2009年，全国各省、自治区、直辖市接待的外国旅游者总计为4419.88万人次，比上年增长3.0%。接待量超过50万人次的有广东、上海、江苏、浙江、北京、辽宁、山东、云南、黑龙江、天津、内蒙古、广西、陕西、湖北、福建、安徽、重庆、河南、河北、山西、湖南、四川和吉林等23个省（区、市）。广东省接待外国旅游者617.94万人次，继续居全国第一位。

——2009年，国际旅游（外汇）收入超过1亿美元的有广东、上海、北京、江苏、浙江、福建、辽宁、山东、天津、云南、陕西、湖南、广西、黑龙江、安徽、内蒙古、重庆、湖北、河南、山西、河北、江西、四川、海南、吉林、新疆和贵州等27个省（区、市）。广东省的旅游（外汇）收入达100.28亿美元，继续居全国第一位。按国际旅游（外汇）收入排列，31个省、自治区、直辖市的具体情况是：

序号	地　区	国际旅游(外汇)收入（亿美元）	增长（%）	接待入境旅游人数（万人次）	增长（%）
1	广　　东	100.28	9.3	2 747.80	7.0
2	上　　海	47.44	-4.6	533.39	1.3
3	北　　京	43.57	-2.3	412.51	8.8
4	江　　苏	40.16	3.5	556.83	2.3
5	浙　　江	32.24	6.6	570.64	5.7
6	福　　建	25.99	8.6	312.03	6.4
7	辽　　宁	18.56	21.6	293.20	21.2
8	山　　东	17.65	26.9	310.04	22.2
9	天　　津	11.83	18.1	141.02	15.6
10	云　　南	11.72	16.3	284.49	13.7
11	陕　　西	7.71	16.8	145.08	15.4
12	湖　　南	6.73	9.0	130.87	17.9
13	广　　西	6.43	7.0	209.85	4.4
14	黑 龙 江	6.39	-26.6	142.51	-29.0
15	安　　徽	5.66	24.5	156.16	18.2
16	内 蒙 古	5.58	-3.3	128.96	-16.8
17	重　　庆	5.37	19.4	104.81	20.2
18	湖　　北	5.10	15.3	133.46	12.4
19	河　　南	4.33	15.7	125.85	20.6
20	山　　西	3.78	25.7	106.78	13.7
21	河　　北	3.08	12.4	84.22	12.3
22	江　　西	2.90	15.1	96.43	20.2
23	四　　川	2.89	25.4	84.99	21.5
24	海　　南	2.77	-11.9	55.15	-21.9
25	吉　　林	2.43	14.9	68.05	10.2
26	新　　疆	1.37	0.6	35.49	-2.3
27	贵　　州	1.10	-5.6	39.95	1.0
28	西　　藏	0.79	153.0	17.49	157.2
29	青　　海	0.15	52.0	3.61	20.9
30	甘　　肃	0.13	-21.8	6.07	-27.0
31	宁　　夏	0.04	47.2	1.45	25.3

五、主要城市入境旅游接待与收入情况

——2009 年，接待入境旅游者人数超过 20 万人次的城市有深圳、广州、上海、北京、珠海、杭州、苏州、天津、桂林、南京、大连、重庆、青岛、厦门、黄山、宁波、昆明、西安、武汉、无锡、福州、泉州、成都、长沙、沈阳、中山、烟台、洛阳、温州、威海、郑州、三亚、延边、南通、哈尔滨、太原、秦皇岛、九江、漳州、长春、承德和合肥等 42 个，比上年增加 5 个。

——2009 年，接待外国旅游者人数超过 20 万人次的城市有上海、北京、广州、杭州、深圳、天津、苏州、大连、重庆、青岛、桂林、南京、西安、昆明、武汉、黄山、珠海、宁波、成都、厦门、沈阳、无锡、福州、烟台、长沙、洛阳、威海、延边、南通、温州、三亚和秦皇岛等 32 个。

——2009 年，国际旅游（外汇）收入超过 1 亿美元的城市有上海、北京、广州、深圳、杭州、天津、珠海、苏州、厦门、南京、福州、大连、泉州、青岛、重庆、宁波、桂林、西安、沈阳、长沙、无锡、武汉、烟台、南通、黄山、成都、昆明、中山、三亚、温州、威海、哈尔滨、郑州、太原、洛阳、漳州、秦皇岛、长春和合肥等 39 个，比上年增加 2 个。上海市的国际旅游（外汇）收入达 47.44 亿美元，居全国城市第一位。

六、全国星级饭店的规模和经营情况

2009 年，全国星级饭店的总体规模继续稳步增长。

——到 2009 年末，全国共有星级饭店 14237 家，比上年末增加 138 家，增长 1.0%；拥有客房 167.35 万间，比上年末增加 8.21 万间，增长 5.2%；拥有床位 306.47 万张，比上年末增加 12.99 万张，增长 4.4%。

——到 2009 年末，全国星级饭店共拥有固定资产原值 4442.98 亿元，比上年末增加 89.73 亿元，增长 2.1%。

——2009 年，全国星级饭店的全年平均客房出租率为 57.88%，比上年末下降 0.42 个百分点。

——2009 年，全国星级饭店营业收入总额为 1818.18 亿元，比上年末增加 56.17 亿元，增长 3.2%；上缴营业税 122.16 亿元，比上年末增加 3.82 亿元，增长 3.2%。

——全国 5318 家国有星级饭店，2009 年共实现营业收入 649.35 亿元；上缴营业税 40.05 亿元。

——全国外商和港澳台投资兴建的 574 家星级饭店，2009 年共实现营业收入 236.83 亿元；上缴营业税 15.50 亿元。

——在 14237 家星级饭店中：五星级饭店 506 家，比上年末增加 74 家；四星级饭店 1984 家，增加 163 家；三星级饭店 5917 家，增加 205 家；二星级饭店 5375 家，减少 241 家；一星级饭店 455 家，减少 63 家。

——2009 年全国星级饭店规模及其经营情况，具体如下：

	饭店数（座）	房间数（万间）	床位数（万张）	客房出租率（%）	营业收入（亿元）	营业税金（亿元）	固定资产（亿元）
合　　计	14 237	167.35	306.47	57.88	1 818.18	122.16	4 442.98
按经济类型划分							
国有企业	5 318	63.57	120.94	59.13	649.35	40.05	1 690.20
集体企业	850	8.09	15.72	57.01	72.55	4.57	166.35
股份合作企业	357	3.95	7.27	61.18	38.51	2.36	84.91
联营企业	66	1.06	1.83	55.25	10.47	1.01	29.77
有限责任公司	3 135	40.36	69.60	58.40	461.02	34.66	993.41
股份有限公司	725	9.81	19.13	60.46	113.15	8.33	275.00
私营经济	2 922	24.51	45.27	59.26	207.67	13.93	345.73
其他企业	290	3.03	5.97	56.67	28.63	1.74	83.69
港澳台投资经济	345	7.87	12.68	47.40	131.73	9.01	453.19
外商投资经济	229	5.10	8.06	58.61	105.10	6.49	320.73
按规模划分							
客房数 500 间以上	145	10.55	16.89	47.42	179.67	14.97	501.31
客房数 300～499 间	612	22.48	37.85	56.60	360.84	23.46	1 095.71
客房数 200～299 间	1 216	29.17	51.53	59.53	371.91	24.33	1 070.62
客房数 100～199 间	4 348	59.56	110.64	59.70	551.94	36.65	1 152.86
客房数 99 间以下	7 916	45.58	89.56	58.85	353.83	22.74	622.47
按星级划分							
五星级	506	18.11	30.12	51.06	431.74	31.27	1 392.14
四星级	1 984	39.70	68.67	59.68	582.67	38.24	1 422.47
三星级	5 917	68.93	127.57	59.40	585.73	39.24	1 234.90
二星级	5 375	38.40	75.51	58.23	210.14	12.78	378.82
一星级	455	2.21	4.59	51.23	7.90	0.63	14.65

七、旅行社的规模和经营情况

——到2009年末，全国纳入统计范围的旅行社共有20399家，比上年末增加289家。

——到2009年末，全国旅行社资产总额585.96亿元，比上年增长12.3%；各类旅行社共实现营业收入1806.53亿元，比上年增长8.6%；实际缴纳税金12.69亿元，比上年增长12.4%。

——2009年，全国旅行社共招徕入境游客1261.43万人次、5615.89万人天，分别比上年下降4.8%和3.3%；经旅行社接待的入境游客为1873.38万人次、6304.59万人天，分别比上年下降7.9%和1.6%。

——2009年，全国旅行社共组织国内过夜游客10123.47万人次、30018.97万人天，分别比上年增长18.5%和18.1%；经旅行社接待的国内过夜游客为13696.05万人次、26339.34万人天，分别比上年增长31.1%和14.7%。

八、出境旅游情况

2009年，我国公民出境旅游市场继续快速发展，旅游目的地不断增加，其中赴台游发展迅猛。

——2009年，我国公民出境人数达到4765.63万人次，比上年增长4.0%。其中：因公出境人数544.66万人次，比上年下降4. 7%；因私出境人数4220.97万人次，比上年增长5.2%。出境第一站按人数排序，列前十位的国家和地区依次是：香港、澳门、日本、韩国、越南、台湾、美国、俄罗斯、新加坡和泰国。

——2009年，经旅行社组织出境旅游的总人数为1234.68万人次，增长13.2%，其中：组织出国游685.29万人次，增长13.5%；组织港澳游519.58万人次，增长6.6%。另外共组织边境游29.82万人次，减少30.5%。

——2009年，我国公民出境旅游目的地新增的国家分别为：佛得角共和国、圭亚那、黑山共和国、加纳共和国、厄瓜多尔、多米尼克、阿拉伯联合酋长国、巴布亚新几内亚和马里共和国。

——2009年，我国内地居民赴香港的旅游人数为1866.59万人次，比上年增长6.3%；赴澳门1512.76万人次，下降2.5%；赴日本155.25万人次，下降0.3%；赴韩国147.42万人次，增长7.3%；赴越南134.33万人次，下降7.9%；赴台湾98.57万人次，增长253.4%；赴美国82.42万人次，增长6.3%；赴俄罗斯68.42万人次，下降13.4%；赴新加坡66.81万人次，下降6.3%；赴泰国62.19万人次，下降0.3%；赴马来西亚60.90万人次，下降

2.2%；赴澳大利亚45.21万人次，增长9.4%；赴缅甸34.63万人次，增长3.4%；赴印度尼西亚32.87万人次，增长32.3%；赴英国25.68万人次，增长9.6%；赴德国23.57万人次，下降6.8%；赴法国22.81万人次，增长13.2%；赴柬埔寨22.23万人次，增长0.6%；赴意大利22.01万人次，增长18.0%；赴老挝18.96万人次，增长47.9%；赴菲律宾16.98万人次，增长4.3%；赴蒙古14.87万人次，下降0.6%；赴阿联酋12.88万人次，增长8.7%。

九、旅游教育培训情况

——到2009年末，全国共有高等旅游院校及开设旅游系（专业）的普通高等院校852所，比上年末增加42所，在校生49.84万人，增加5.83万人；中等职业学校881所，比上年末减少84所，在校学生45.41万人，增加4.95万人。两项合计，旅游院校总数1733所，在校学生为95.24万人。

——2009年，全行业在职人员培训总量达397.11万人次，比上年增加58.83万人次，增长17.4%。

Statistics Report on China's Tourism Industry in 2009

China National Tourism Administration

September, 2010

In 2009, China's tourism industry, especially inbound tourism industry, experienced tremendous challenges, but it was able to change challenges into opportunities and maintain a steady and rapid growth in general. The total inbound visitor arrivals reached 126 million person-times, and the foreign exchange receipts generated from this inbound market registered US $39.675 billion, decreasing by 2.7 percent and 2.9 percent respectively against the previous year. China's domestic visitors numbered 1.902 billion person-times, and the income generated from this sector totaled 1.0184 trillion Chinese RMB yuan, increasing by 11.1 percent and 16.4 percent respectively. The outbound travel made by Chinese citizens reached 47.6563 million person-times in 2009, witnessing an increase of 4.0 percent. The total income of the industry amounted to 1.29 trillion Chinese RMB yuan, increasing by 11.3 percent over the year 2008.

1. Inbound Tourism

——The total number of inbound arrivals to China was 126 million person-times, a 2.7 percent decrease against the previous year, in which 21.9375 million person-times were made by foreigners, a 9.8 percent decrease against the previous year; 77.3360 million by compatriots from Hong Kong SAR, a 1.3 percent decrease against the previous year; 22.7184 million by compatriots from Macao SAR, a 1.1 percent decrease against the previous year; and 4.4840 million by compatriots from Taiwan Province, a 2.2 percent increase over the previous year.

——The total number of overnight visitors to China was 50.8752 million, a 4.1 percent decrease against the previous year. Of the total overnight visitors 17.6969 million were foreigners, a 10.2 percent decrease against the previous year; 25.4979 million were compatriots from Hong Kong SAR, a 0.7 percent decrease against the previous year; 3.8480 million were compatriots from Macao SAR, a 0.8 percent decrease against the previous year; and 3. 8324 million were compatriots from Taiwan Province, a 0. 9 percent increase over the previous year.

——The total of China's international tourism receipts amounted to US $39. 675 billion, a decrease of 2. 9 percent against the previous year.

2. Domestic Tourism

——The number of domestic visitors totaled 1. 902 billion, an increase of 11. 1 percent over the previous year, in which 903 million were urban residents and 999 million were rural residents.

——The total income of domestic tourism amounted to 1. 0184 trillion yuan, an increase of 16. 4 percent over the previous year, in which 723. 379 billion yuan were spent by urban residents and 294. 990 billion yuan were spent by rural residents.

——The average domestic tourism expenditure per capita was 535. 4 yuan, a 4. 8 percent increase over the previous year, of which the average expenditure by urban residents was 801. 1 yuan per person and the average spending by rural residents was 295. 3 yuan.

——The domestic visitors totaled 337 million and the domestic income reached 151. 6 billion yuan during the "Golden Week" of Chinese Spring Festival and the holiday of National Day and Mid-Autumn Festival.

3. Inbound Tourism Market

(1) Foreign Market

In 2009, the foreign inbound market was influenced by many factors. The yearly visitor arrivals totaled 21. 9375 million, a decrease of 9. 8 percent against the previous year.

——The share of Asian market increased. The total visitor arrivals from Asian countries represented 62. 8 percent of total inbound foreign arrivals to China, up by 2. 9 percentage points, and decreased by 5. 4 percent against the previous year. Among all the countries, Japan was the largest generating country in terms of visitors.

—— Intercontinental markets varied from one another. Visitor arrivals from Americas maintained the same level as that of the previous year, visitor arrivals from Africa had a small increase and increased 6. 0 percent over the previous and visitor arrivals from Europe and Oceania decreased by 24. 9 percent and 2. 4 percent respectively against the previous year.

—— In 2009, the foreign tourists had an average length of stay of 7. 6 days, an increase of 0.6 days, or up 8.6 percent over the previous year. Daily expenditure per capita was US $192.93, US $7.5 or 3.7 percent less than that of the previous year.

The arrivals breakdown of the top 16 visitor generating countries to China in 2009 was shown in the following table.

Rank	Country	Arrivals (thousand)	Change (%)
1	Japan	3 317.5	-3.7
2	ROK	3 197.5	-19.3
3	Russia	1 743.0	-44.2
4	U. S. A.	1 709.8	-4.3
5	Malaysia	1 059.0	1.8
6	Singapore	889.5	1.6
7	Philippines	748.9	-5.8
8	Mongolia	576.7	-18.2
9	Australia	561.5	-1.7
10	Canada	550.3	2.9
11	Thailand	541.8	-2.2
12	Britain	528.8	-4.1
13	Germany	518.5	-2.0
14	Indonesia	469.0	10.0
15	India	448.9	2.8
16	France	424.8	-1.2

(2) Hong Kong, Macao and Taiwan Regional Market

In 2009, Hong Kong, Macao and Taiwan Regional Market are main parts of Mainland China's inbound tourism. The visitor arrivals from Taiwan Province increased, and the visitor arrivals from Hong Kong SAR and Macao SAR decreased slightly.

——In 2009, the arrivals from Hong Kong SAR reached 77.3360 million, decreasing by 1.3 percent against the previous year. Among these arrivals, 25.4979 million were overnight visitors, a decrease of 0.7 percent against the previous year, accounting for 33.0 percent of the total. 51.8381 million were same-day visitors, a decrease of 1.6 percent, accounting for 67.0 percent of the total.

——In 2009, the visitor arrivals from Macao SAR was 22.7184 million, decreasing by 1. 1 percent against the previous year, among which 3. 8480 million were overnight visitors, decreasing by 0. 8 percent against the previous year, accounting for 16. 9 percent, and 18. 8704 million were same-day visitors, decreasing by 1. 1 percent, accounting for 83. 1 percent of the total.

——In 2009, visitor arrivals from Taiwan Province were 4. 4840 million, increasing by 2. 2 percent over the previous year, among which 3. 8324 million were overnight visitors, increasing by 0. 9 percent over the previous year, accounting for 85. 5 percent, and 651. 6 thousand were same-day visitors, increasing by 10. 8 percent, accounting for 14. 5 percent of the total.

4. Inbound Tourist Arrivals and Receipts by Provinces, Autonomous Regions and Municipalities

——In 2009, inbound tourists received by all the provinces, autonomous regions and municipalities totaled 80. 3919 million, increasing by 7. 2 percent over the previous year. There were 25 provinces, autonomous regions and municipalities receiving more than 500 thousand visitors. They were Guangdong, Zhejiang, Jiangsu, Shanghai, Beijing, Fujian, Shandong, Liaoning, Yunnan, Guangxi, Anhui, Shaanxi, Heilongjiang, Tianjin, Hubei, Hunan, Inner Mongolia, Henan, Shanxi, Chongqing, Jiangxi, Sichuan, Hebei, Jilin and Hainan. Guangdong still came first with receiving 27. 4780 million person-times of inbound visitors.

——In 2009, the number of foreign tourist arrivals was 44. 1988 million, with an increase of 3. 0 percent over the previous year. There were 23 provinces, autonomous regions and municipalities receiving more than 500 thousand foreign tourists. They were Guangdong, Shanghai, Jiangsu, Zhejiang, Beijing, Liaoning, Shandong, Yunnan, Heilongjiang, Tianjin, Inner Mongolia, Guangxi, Shaanxi, Hubei, Fujian, Anhui, Chongqing, Henan, Hebei, Shanxi, Hunan, Sichuan and Jilin. Guangdong still came first with receiving 6. 1794 million person-times foreign visitors.

——In 2009, there were 27 provinces, autonomous regions and municipalities, generating more than US $ 100 million receipts from international tourism. They were Guangdong, Shanghai, Beijing, Jiangsu, Zhejiang, Fujian, Liaoning, Shandong, Tianjin, Yunnan, Shaanxi, Hunan, Guangxi, Heilongjiang, Anhui, Inner Mongolia, Chongqing, Hubei, Henan, Shanxi, Hebei, Jiangxi, Sichuan, Hainan, Jilin, Xinjiang and Guizhou. Guangdong was ranking first with US $ 10. 028 billion receipts generating from inbound tourism.

The international receipts and inbound arrivals of the 31 provinces, autonomous regions and municipalities are shown in the following table:

Rank	Region	International Receipts (US $ million)	Tourism Receipts Change (%)	Inbound Arrivals (million)	Tourists Change (%)
1	Guangdong	10 028	9. 3	27. 4780	7. 0
2	Shanghai	4 744	-4. 6	5. 3339	1. 3
3	Beijing	4 357	-2. 3	4. 1251	8. 8
4	Jiangsu	4 016	3. 5	5. 5683	2. 3
5	Zhejiang	3 224	6. 6	5. 7064	5. 7
6	Fujian	2 599	8. 6	3. 1203	6. 4
7	Liaoning	1 856	21. 6	2. 9320	21. 2
8	Shandong	1 765	26. 9	3. 1004	22. 2
9	Tianjin	1 183	18. 1	1. 4102	15. 6
10	Yunnan	1 172	16. 3	2. 8449	13. 7
11	Shaanxi	771	16. 8	1. 4508	15. 4
12	Hunan	673	9. 0	1. 3087	17. 9
13	Guangxi	643	6. 9	2. 0985	4. 4
14	Heilongjiang	639	-26. 6	1. 4251	-29. 0
15	Anhui	566	24. 5	1. 5616	18. 2
16	Inner Mongolia	558	-3. 3	1. 2896	-16. 8
17	Chongqing	537	19. 4	1. 0481	20. 2
18	Hubei	510	15. 3	1. 3346	12. 4
19	Henan	433	15. 7	1. 2585	20. 6
20	Shanxi	378	25. 7	1. 0678	13. 7
21	Hebei	308	12. 4	0. 8422	12. 3
22	Jiangxi	290	15. 1	0. 9643	20. 2
23	Sichuan	289	25. 4	0. 8499	21. 5
24	Hainan	277	-11. 9	0. 5515	-21. 9
25	Jilin	243	14. 9	0. 6805	10. 2
26	Xinjiang	137	0. 6	0. 3549	-2. 3
27	Guizhou	110	-5. 6	0. 3995	1. 0
28	Tibet	79	153. 0	0. 1749	157. 2
29	Qinghai	15	52. 0	0. 0361	20. 9
30	Gansu	13	-21. 8	0. 0607	-27. 0
31	Ningxia	4	47. 2	0. 0145	25. 3

5. Inbound Tourists Arrivals and Receipts in Major Cities

——In 2009, there were 42 cities receiving more than 200 thousand inbound tourists. They were Shenzhen, Guangzhou, Shanghai, Beijing, Zhuhai, Hangzhou, Suzhou, Tianjin, Guilin, Nanjing, Dalian, Chongqing, Qingdao, Xiamen, Huangshan,

Ningbo, Kunming, Xi'an, Wuhan, Wuxi, Fuzhou, Quanzhou, Chengdu, Changsha, Shenyang, Zhongshan, Yantai, Luoyang, Wenzhou, Weihai, Zhengzhou, Sanya, Yanbian, Nantong, Harbin, Taiyuan, Qinhuangdao, Jiujiang, Zhangzhou, Changchun Chengde and Hefei, 5 cities more than that of the previous year.

——In 2009, there were 32 cities receiving more than 200 thousand foreign tourists, They were Shanghai, Beijing, Guangzhou, Hangzhou, Shenzhen, Tianjin, Suzhou, Dalian, Chongqing, Qingdao, Guilin, Nanjing, Xi'an, Kunming, Wuhan, Huangshan, Zhuhai, Ningbo, Chengdu, Xiamen, Shenyang, Wuxi, Fuzhou, Yantai, Changsha, Luoyang, Weihai, Yanbian, Nantong, Wenzhou, Sanya and Qinhuangdao.

——In 2009, there were 39 cities earning more than US $100 million from international tourism, with 2 cities more than the previous year. They were Shanghai, Beijing, Guangzhou, Shenzhen, Hangzhou, Tianjin, Zhuhai, Suzhou, Xiamen, Nanjing, Fuzhou, Dalian, Quanzhou, Qingdao, Chongqing, Ningbo, Guilin, Xi'an, Shenyang, Changsha, Wuxi, Wuhan, Yantai, Nantong, Huangshan, Chengdu, Kunming, Zhongshan, Sanya, Wenzhou, Weihai, Harbin, Zhengzhou, Taiyuan, Luoyang, Zhangzhou, Qinhuangdao, Changchun and Hefei. Shanghai came first with generating US $4. 744 billion from international tourism.

6. Scale and Business of Star-rated Hotels in China

In 2009, the overall scale of China's star-rated hotels continued to grow steadily.

——By the end of 2009, there were a total of 14237 star-rated hotels in China, 138 more than in 2008, increasing by 1. 0 percent over the previous year. The total number of rooms was 1. 6735 millon, increasing 82. 1 thousand or an increase of 5. 2 percent. The total number of beds reached 3. 0647 million with an increase of 4. 4 percent, with 129. 9 thousand beds more than that of the previous year.

——By the end of 2009, the original value of fixed assets owned by star-rated hotels amounted to 444. 298 billion yuan, increasing 8. 973 billion yuan or an increase of 2. 1 percent over the previous year.

——In 2009, the average occupancy rate of star-rated hotels was 57. 88 percent, 0. 42 percentage points lower than that of the previous year.

——In 2009, the total business income of 14237 star-rated hotels amounted to 181. 818 billion yuan, increasing 5. 617 billion yuan or an increase of 3. 2 percent over the previous year. The business tax was 12. 216 billion yuan, increasing 382 million yuan or an increase of 3. 2 percent over the previous year.

——In 2009, there were a total of 5318 state-owned star-rated hotels in China. Their total business income amounted to 64. 935 billion yuan and the paid business tax reached 4.005 billion yuan.

——There were 574 star-rated hotels in China built by investment from foreign countries and Hong Kong, Macao and Taiwan regions. In 2009, their total business income reached 23.683 billion yuan and paid business tax amounted to 1.550 billion yuan.

——Of the total 14237 star-rated hotels in China, there were 506 five-star hotels, with 74 more; 1984 four-star hotels, with 163 more; 5917 three-star hotels, with 205 more; 5375 two-star hotels, with 241 less, and 455 one-star hotels, with 63 less than that of the previous year.

——The scale and business of all the star-rated hotels nationwide in 2009 were listed as follows:

	Hotels (number)	Rooms (thousand)	Beds (thousand)	Occupancy (%)	Revenue (billion)	Tax (billion)	Fixed Assets (billion)
Total	14 237	1 673.5	3 064.7	57.88	181.818	12.216	444.298
by ownership status							
State-owned Economy	5 318	635.7	1 209.4	59.13	64.935	4.005	169.020
Collective Economy	850	80.9	157.2	57.01	7.255	0.457	16.635
Co-operative Co.	357	39.5	72.7	61.18	3.851	0.236	8.491
Affiliated Co.	66	10.6	18.3	55.25	1.047	0.101	2.977
Ltd Liability Co.	3 135	403.6	696.0	58.40	46.102	3.466	99.341
Corporation	725	98.1	191.3	60.46	11.315	0.833	27.500
Proprietary Co.	2 922	245.1	452.7	59.26	20.767	1.393	34.573
Other domestic-funded Co.	290	30.3	59.7	56.67	2.863	0.174	8.369
Companies invested by HK, Macao, Taiwan	345	78.7	126.8	47.40	13.173	0.901	45.319
Foreign-invested Co.	229	51.0	80.6	58.61	10.510	0.649	32.073
by scale of room numbers							
over 500	145	105.5	168.9	47.42	17.967	1.497	50.131
300 ~ 499	612	224.8	378.5	56.60	36.084	2.346	109.571
200 ~ 299	1 216	291.7	515.3	59.53	37.191	2.433	107.062
100 ~ 199	4 348	595.6	1 106.4	59.70	55.194	3.665	115.286
less than 99	7 916	455.8	895.6	58.85	35.383	2.274	62.247
by star-rating							
5-star	506	181.1	301.2	51.06	43.174	3.127	139.214
4-star	1 984	397.0	686.7	59.68	58.267	3.824	142.247
3-star	5 917	689.3	1275.7	59.40	58.573	3.924	123.490
2-star	5 375	384.0	755.1	58.23	21.014	1.278	37.882
1-star	455	22.1	45.9	51.23	0.790	0.063	1.465

7. Scale and Business of Travel Agencies

——By the end of 2009, there were 20399 travel agencies in China, 289 more than in 2008.

——By the end of 2009, the total assets owned by travel agencies nationwide amounted to 58. 596 billion yuan, increasing by 12. 3 percent over the previous year. The business income was 180. 653 billion yuan, 8. 6 percent more than that of the previous year, and the business tax was 1. 269 billion yuan, 12. 4 percent more than that of the previous year.

——In 2009, the total arrivals of inbound tourists organized by all the travel agencies were 12. 6143 million and the total number of person/nights were 56. 1589 million, 4. 8 percent and 3. 3 percent lower than that of the previous year. The total number of inbound tourists received by travel agencies was 18. 7338 million and the total number of person/nights was 63. 0459 million, 7. 9 percent and 1. 6 percent lower than that of the previous year.

——In 2009, the total number of overnight domestic tourists organized by travel agencies was 101. 2347 million with an increase of 18. 5 percent over the previous year, or namely 300. 1897 million person/nights with an increase of 18. 1 percent over the previous year. The number of domestic tourists received by travel agencies was 136. 9605 million, or namely 263. 3934 million person/nights, increasing 31. 1 percent and 14. 7 percent over the previous year respectively.

8. Outbound Travel

In 2009, the market of outbound travel kept growing at a fast speed. The number of countries and regions with Approved Destination Status (ADS) continued to grow. Of this total, the number of residents of Mainland China travelling to Taiwan increased rapidly.

——In 2009, the total number of Chinese outbound visitors reached 47. 6563 million, increasing by 4. 0 percent over the previous year. Of the total, 5. 4466 million Chinese nationals traveled abroad for public affairs, 4. 7 percent less than that of the previous year, and 42. 2097 million for private purpose, 5. 2 percent more than that of the previous year. The top ten first stop destinations for Chinese nationals were Hong Kong SAR, Macao SAR, Japan, ROK, Vietnam, Taiwan China, U. S. A. , Russia, Singapore and Thailand.

——In 2009, the total number of Chinese nationals traveling abroad organized by travel agencies was 12. 3468 million, with a 13. 2 percent increase. Of the total, 6. 8529 million visitors went to foreign countries, 13. 5 percent more than that of the previous year; and 5. 1958 million to Hong Kong SAR and Macao SAR, an increase of 6. 6 percent. In addition, 2. 982 thousand Chinese nationals made border-crossing travel, decreasing by 30. 5 percent against the previous year.

——In 2009, 9 more countries have been granted with ADS. They are Cape Verde, Guyana, Montenegro, Ghana, Ecuador, Dominica, the United Arab Emirates, Papua New Guinea and Mali.

——In 2009, the numbers of outbound travel made by the residents of Mainland China to the approved destinations in terms of first stop are as follows: 18. 6659 million visited Hong Kong SAR, with an increase of 6. 3 percent over the previous year; 15. 1276 million visited Macao SAR, with a decrease of 2. 5 percent; 1. 5525 million visited Japan, with a decrease of 0. 3 percent; 1. 4742 million visited ROK, with an increase of 7. 3 percent; 1. 3433 million visited Vietnam, with a decrease of 7. 9 percent; 985. 7 thousand visited Taiwan China, with an increase of 253. 4 percent; 824. 2 thousand visited U. S. A., with an increase of 6. 3 percent; 684. 2 thousand visited Russia, with a decrease of 13. 4 percent; 668. 1 thousand visited Singapore, with a decrease of 6. 3 percent; 621. 9 thousand visited Thailand, with a decrease of 0. 3 percent; 609. 0 thousand visited Malaysia, with a decrease of 2. 2 percent; 452. 1 thousand visited Australia, with an increase of 9. 4 percent; 346. 3 thousand visited Myanmar, with an increase of 3. 4 percent; 328. 7 thousand visited Indonesia, with an increase of 32. 3 percent; 256. 8 thousand visited Britain, with an increase of 9. 6 percent; 235. 7 thousand visited Germany, with a decrease of 6. 8 percent; 228. 1 thousand visited France, with an increase of 13. 2 percent; 222. 3 thousand visited Cambodia, with an increase of 0. 6 percent; 220. 1 thousand visited Italy, with an increase of 18. 0 percent; 189. 6 thousand visited Laos, with an increase of 47. 9 percent; 169. 8 thousand visited the Philippines, with an increase of 4. 3 percent; 148. 7 thousand visited Mongolia, with a decrease of 0. 6 percent; 128. 8 thousand visited the United Arab Emirates, with an increase of 8. 7 percent.

9. Education and Training in Tourism Industry

——By the end of 2009, there were 852 higher learning institutes and colleges with travel and tourism departments, 42 more than that in 2008. And the number of enrolled students was 498. 4 thousand, 58. 3 thousand more than that in the previous year. There were 881 medium-level professional schools, 84 schools less than that of the previous year, with 454.1 thousand enrolled students, 49.5 thousand more than that in the previous year. In total, there were 1733 tourism institutes and schools with an enrollment of 952.4 thousand students.

——In 2009, 3.9711 million employees participated in training programs, 588.3 thousand more than that in the previous year, with a 17.4 percent increase.

一、入境旅游人数

1. INTERNATIONAL VISITOR ARRIVALS TO CHINA

1－1　1978～2009年中国入境过夜旅游者人数和国际旅游（外汇）收入的世界排名

RANK OF CHINA'S TOURIST ARRIVALS & TOURISM RECEIPTS IN THE WORLD 1978—2009

年　份 YEAR	过夜旅游者人数（万人次） TOURIST ARRIVALS（TEN THOUS.）	世界排名 RANK	国际旅游(外汇)收入（亿美元） TOURISM RECEIPTS（100Mn. US $）	世界排名 RANK
1978	71.60	—	2.63	—
1979	152.90	—	4.49	—
1980	350.00	18	6.17	34
1981	376.70	17	7.85	34
1982	392.40	16	8.43	29
1983	379.10	16	9.41	26
1984	514.10	14	11.31	21
1985	713.30	13	12.50	21
1986	900.10	12	15.31	22
1987	1 076.00	12	18.62	26
1988	1 236.10	10	22.47	26
1989	936.10	12	18.60	27
1990	1 048.40	11	22.18	25
1991	1 246.40	12	28.45	21
1992	1 651.20	9	39.47	17
1993	1 898.20	7	46.83	15
1994	2 107.00	6	73.23	10
1995	2 003.40	8	87.33	10
1996	2 276.50	6	102.00	9
1997	2 377.00	6	120.74	8
1998	2 507.29	6	126.02	7
1999	2 704.66	5	140.99	7
2000	3 122.88	5	162.24	7
2001	3 316.67	5	177.92	5
2002	3 680.26	5	203.85	5
2003	3 297.05	5	174.06	7
2004	4 176.14	4	257.39	7
2005	4 680.90	4	292.96	6
2006	4 991.34	4	339.49	5
2007	5 471.98	4	419.19	5
2008	5 304.92	4	408.43	5
2009	5 087.52	*	396.75	*

资料来源：世界旅游组织

SOURCE：WORLD TOURISM ORGANIZATION

1－2　1978～2009 年入境旅游人数

ANNUAL VISITOR ARRIVALS 1978—2009

单　位：万人次
UNIT：TEN THOUS. PERSON-TIMES

年　份 YEAR	总　计 TOTAL	外国人 FOREIGN-ERS	华　侨 OVERSEAS CHINESE	港澳台同胞 * COMPA-TRIOTS	#台湾同胞 TAIWAN COMPATRIOTS
1978	180.92	22.96	1.81	156.15	
1979	420.39	36.24	2.09	382.06	
1980	570.25	52.91	3.44	513.90	
1981	776.71	67.52	3.89	705.31	
1982	792.43	76.45	4.27	711.70	
1983	947.70	87.25	4.04	856.41	
1984	1 285.22	113.43	4.75	1 167.04	
1985	1 783.31	137.05	8.48	1 637.78	
1986	2 281.95	148.23	6.81	2 126.90	
1987	2 690.23	172.78	8.70	2 508.74	
1988	3 169.48	184.22	7.93	2 977.33	43.77
1989	2 450.14	146.10	6.86	2 297.19	54.10
1990	2 746.18	174.73	9.11	2 562.34	94.80
1991	3 334.98	271.01	13.34	3 050.62	94.66
1992	3 811.49	400.64	16.51	3 394.34	131.78
1993	4 152.69	465.59	16.62	3 670.49	152.70
1994	4 368.45	518.21	11.52	3 838.72	139.02
1995	4 638.65	588.67	11.58	4 038.40	153.23
1996	5 112.75	674.43	15.46	4 422.86	173.39
1997	5 758.79	742.80	9.90	5 006.09	211.76
1998	6 347.84	710.77	12.07	5 625.00	217.46
1999	7 279.56	843.23	10.81	6 425.52	258.46
2000	8 344.39	1 016.04	7.55	7 320.80	310.86
2001	8 901.29	1 122.64	—	7 778.65	344.20
2002	9 790.83	1 343.95	—	8 446.88	366.06
2003	9 166.21	1 140.29	—	8 025.92	273.19
2004	10 903.82	1 693.25	—	9 210.57	368.53
2005	12 029.23	2 025.51	—	10 003.71	410.92
2006	12 494.21	2 221.03	—	10 273.18	441.35
2007	13 187.33	2 610.97	—	10 576.36	462.79
2008	13 002.74	2 432.53	—	10 570.21	438.56
2009	12 647.59	2 193.75	—	10 005.44	448.40

资料来源：公安部
SOURCE：MINISTRY OF PUBLIC SECURITY
NOTE：* COMPATRIOTS FROM HONG KONG，MACAO AND TAIWAN PROVINCE.

1－3　2009年各月入境旅游人数

MONTHLY VISITOR ARRIVALS 2009

单　位：万人次

UNIT：TEN THOUS. PERSON-TIMES

月　份 MONTH	总　计 TOTAL	外国人 FOREIGN-ERS	香港同胞 HONGKONG COMPATRIOTS	澳门同胞 MACAO COMPATRIOTS	台湾同胞 TAIWAN COMPATRIOTS
全　年 WHOLE YEAR	**12 647.59**	**2 193.75**	**7 733.60**	**2 271.84**	**448.40**
一　月　JAN.	1 033.19	144.69	652.43	205.79	30.29
二　月　FEB.	939.81	156.08	566.61	179.55	37.57
三　月　MAR.	1 054.07	181.94	639.45	197.47	35.21
四　月　APR.	1 151.44	191.17	716.73	203.83	39.70
五　月　MAY	1 033.00	175.69	625.52	196.29	35.51
六　月　JUNE	994.72	171.05	606.60	184.10	32.97
七　月　JULY	1 072.04	190.94	648.23	191.80	41.07
八　月　AUG.	1 109.19	201.35	677.66	189.35	40.83
九　月　SEP.	1 006.37	185.71	617.13	168.06	35.46
十　月　OCT.	1 113.54	213.51	671.47	183.77	44.78
十一月　NOV.	1 039.56	189.27	631.26	180.48	38.56
十二月　DEC.	1 100.67	192.34	680.51	191.35	36.46

资料来源：公安部

SOURCE：MINISTRY OF PUBLIC SECURITY

1-4　2009年各月入境旅游人数（按入境方式分）
MONTHLY VISITOR ARRIVALS BY MODE OF TRANSPORT 2009

单　位：万人次
UNIT：TEN THOUS. PERSON-TIMES

月　份 MONTH	总　计 TOTAL	船舶 SEA	飞机 AIR	火车 RAIL	汽车 MOTOR	徒步 FOOT
全　年 WHOLE YEAR	**12 647.59**	**467.24**	**1 630.07**	**122.89**	**3 048.37**	**7 379.03**
一　月　JAN.	1 033.19	38.10	105.71	10.25	249.48	629.66
二　月　FEB.	939.81	33.76	117.06	8.55	224.62	555.82
三　月　MAR.	1 054.07	37.40	131.69	10.38	254.67	619.93
四　月　APR.	1 151.44	44.02	142.79	13.36	273.34	677.93
五　月　MAY	1 033.00	37.47	130.37	9.38	246.84	608.95
六　月　JUNE	994.72	35.45	122.37	8.84	242.37	585.69
七　月　JULY	1 072.04	42.78	142.80	9.78	257.87	618.81
八　月　AUG.	1 109.19	44.59	151.10	10.12	267.19	636.19
九　月　SEP.	1 006.37	37.18	139.95	9.43	241.38	578.42
十　月　OCT.	1 113.54	42.18	164.43	12.35	265.55	629.03
十一月　NOV.	1 039.56	36.18	143.56	10.33	253.53	595.97
十二月　DEC.	1 100.67	38.12	138.25	10.12	271.53	642.64

资料来源：公安部
SOURCE：MINISTRY OF PUBLIC SECURITY

1－5 2008～2009年主要客源国入境旅游人数

FOREIGN VISITOR ARRIVALS FROM THE MAIN GENERATING COUNTRIES 2008—2009

单 位：万人次
UNIT：TEN THOUS. PERSON-TIMES

国籍 NATIONALITY		2009年 2009	2008年 2008	2009年比2008年增长(%) GROWTH(%)
总计	**TOTAL**	**2 193.75**	**2 432.53**	**－9.8**
其中	OF WHICH			
日本	JAPAN	331.75	344.61	－3.7
韩国	KOREA	319.75	396.04	－19.3
俄罗斯	RUSSIA	174.30	312.34	－44.2
美国	U. S. A.	170.98	178.64	－4.3
马来西亚	MALAYSIA	105.90	104.05	1.8
新加坡	SINGAPORE	88.95	87.58	1.6
越南	VIETNAM	82.86	74.35	11.4
菲律宾	PHILIPPINES	74.89	79.53	－5.8
缅甸	MYNMAR	60.77	50.90	19.4
蒙古	MONGOLIA	57.67	70.53	－18.2
澳大利亚	AUSTRALIA	56.15	57.15	－1.7
加拿大	CANADA	55.03	53.47	2.9
泰国	THAILAND	54.18	55.43	－2.2
英国	UNITED KINGDOM	52.88	55.15	－4.1
德国	GERMANY	51.85	52.89	－2.0
印度尼西亚	INDONESIA	46.90	42.63	10.0
印度	INDIA	44.89	43.66	2.8
法国	FRANCE	42.48	43.00	－1.2
哈萨克斯坦	KAZAKHSTAN	27.99	30.07	－6.9
意大利	ITALY	19.14	19.44	－1.5
荷兰	NETHERLANDS	16.69	18.09	－7.7
瑞典	SWEDEN	12.58	13.77	－8.7
西班牙	SPAIN	11.45	11.22	2.0
朝鲜	KOREA, D. P. REP.	10.39	10.18	2.0
新西兰	NEW ZEALAND	10.04	10.52	－4.5
伊朗	IRAN	8.76	6.80	28.8
乌克兰	UKRAINE	8.66	10.56	－18.0
巴基斯坦	PAKISTAN	8.15	7.29	11.9
丹麦	DANMARK	7.73	8.10	－4.6
以色列	ISRAEL	7.30	6.83	6.8
土耳其	TURKEY	6.44	6.04	6.6
巴西	BRAZIL	6.37	7.47	－14.7
瑞士	SWITZERLAND	6.26	6.34	－1.3
芬兰	FINLAND	6.09	7.06	－13.7
比利时	BELGIUM	6.08	6.14	－1.0
奥地利	AUSTRIA	5.62	5.63	－0.1
波兰	POLAND	5.37	6.10	－11.9
南非	SOUTH AFRICA	5.08	5.43	－6.4
尼日利亚	NIGERIA	5.06	4.35	16.2
埃及	EGYPT	4.97	4.47	11.1
乌兹别克斯坦	UZBKISTAN	4.95	5.80	－14.6
挪威	NORWAY	4.77	4.94	－3.6
葡萄牙	PORTUGAL	4.36	4.39	－0.6

1－6　2009年各月入境外国

MONTHLY FOREIGN VISITOR

国　籍 NATIONALITY		一月 JAN.	二月 FEB.	三月 MAR.	四月 APR.	五月 MAY	六月 JUNE
总　　计	**TOTAL**	**144.69**	**156.08**	**181.94**	**191.17**	**175.69**	**171.05**
亚　　洲	**ASIA**	**88.87**	**102.39**	**114.69**	**119.80**	**110.93**	**106.01**
日　　本	JAPAN	22.07	25.70	26.97	25.15	24.17	23.10
韩　　国	KOREA	23.80	27.79	24.27	26.43	26.90	24.58
蒙　　古	MONGOLIA	3.57	2.93	3.43	4.49	4.80	5.27
印度尼西亚	INDONESIA	2.76	2.76	3.34	3.85	3.55	4.00
马来西亚	MALAYSIA	6.32	7.32	8.32	9.32		11.32
菲律宾	PHILIPPINES	5.58	5.50	6.80	7.25	6.71	5.74
新加坡	SINGAPORE	5.27	5.71	7.63	7.84	6.87	7.46
泰　　国	THAILAND	3.33	4.17	6.42	6.85	4.17	2.79
印　　度	INDIA	2.65	2.90	3.68	3.91	3.95	3.83
其　　他	OTHERS	13.52	17.62	23.82	24.72	29.80	17.93
欧　　洲	**EUROPE**	**31.02**	**30.60**	**36.52**	**38.35**	**35.93**	**35.25**
英　　国	UNITED KINGDOM	3.61	3.59	4.99	5.15	4.16	3.83
法　　国	FRANCE	2.82	2.84	3.28	4.15	3.64	3.13
德　　国	GERMANY	3.44	3.70	4.68	4.74	4.51	3.71
意大利	ITALY	1.15	1.27	1.55	1.75	1.59	1.44
瑞　　士	SWITZERLAND	0.38	0.40	0.51	0.58	0.57	0.49
瑞　　典	SWEDEN	1.05	0.94	1.15	1.22	0.91	0.96
荷　　兰	NETHERLANDS	1.06	1.05	1.29	1.56	1.34	1.15
俄罗斯	RUSSIA	12.30	11.13	11.92	11.38	12.59	14.37
其　　他	OTHERS	5.21	5.68	7.16	7.81	6.62	6.19
美　　洲	**AMERICA**	**17.33**	**16.31**	**21.56**	**22.64**	**20.41**	**21.89**
美　　国	U.S.A.	11.56	10.92	14.67	15.12	14.34	16.37
加拿大	CANADA	4.24	3.80	4.91	4.76	4.35	4.00
其　　他	OTHERS	1.52	1.59	1.98	2.76	1.72	1.52
大洋洲	**OCEANIA**	**5.53**	**4.26**	**5.62**	**6.39**	**5.05**	**4.70**
澳大利亚	AUSTRALIA	4.60	3.57	4.76	5.37	4.21	3.87
新西兰	NEW ZEALAND	0.84	0.61	0.77	0.93	0.77	0.75
其　　他	OTHERS	0.10	0.08	0.09	0.09	0.07	0.08
非　　洲	**AFRICA**	**1.92**	**2.50**	**3.53**	**3.97**	**3.35**	**3.18**
其　　他	**OTHERS**	**0.02**	**0.01**	**0.02**	**0.03**	**0.02**	**0.01**

资料来源：公安部

SOURCE: MINISTRY OF PUBLIC SECURITY

游客人数（按国籍分）

ARRIVALS BY NATIONALITY 2009

单　位：万人次

UNIT：TEN THOUS. PERSON-TIMES

七月 JULY	八月 AUG.	九月 SEP.	十月 OCT.	十一月 NOV.	十二月 DEC.	合计 TOTAL	占总数比重（%） P. C. TOTAL	比上年增长（%） GROWTH（%）
190.94	**201.35**	**185.71**	**213.51**	**189.27**	**192.34**	**2 193.75**	**100.00**	**-9.82**
115.69	**126.97**	**116.85**	**126.54**	**120.90**	**128.31**	**1 377.93**	**62.81**	**-5.37**
29.12	32.47	32.12	31.72	30.15	29.00	331.75	15.12	-3.73
31.20	35.15	23.36	25.57	23.67	27.03	319.75	14.58	-19.26
4.92	7.37	5.35	5.55	4.76	5.23	57.67	2.63	-18.23
3.56	3.53	6.63	4.38	3.72	4.82	46.90	2.14	10.04
12.32	13.32	14.32	15.32	16.32	17.32	18.32	0.83	18.32
6.21	6.36	6.02	6.30	6.16	6.27	74.89	3.41	-5.82
5.67	6.16	7.01	8.59	9.63	11.10	88.95	4.05	1.57
3.26	3.20	3.98	5.97	4.89	5.18	54.18	2.47	-2.25
3.86	3.79	4.13	4.45	3.84	3.91	44.89	2.05	2.82
15.56	15.62	13.95	18.70	17.76	18.44	340.62	15.53	46.74
43.95	**44.84**	**39.93**	**49.60**	**37.82**	**35.29**	**459.12**	**20.93**	**-24.89**
4.99	4.45	4.39	5.44	4.70	3.57	52.88	2.41	-4.12
4.07	4.24	3.31	4.50	3.45	3.03	42.48	1.94	-1.21
4.19	4.61	4.39	5.70	4.63	3.57	51.85	2.36	-1.95
1.72	1.92	1.52	2.15	1.72	1.36	19.14	0.87	-1.55
0.65	0.53	0.57	0.65	0.53	0.39	6.26	0.29	-1.31
0.76	0.79	0.91	1.38	1.32	1.20	12.58	0.57	-8.65
2.07	1.47	1.42	1.80	1.35	1.14	16.69	0.76	-7.74
17.78	19.38	16.32	19.01	12.97	15.15	174.30	7.95	-44.20
7.71	7.47	7.11	8.98	7.13	5.89	82.96	3.78	-8.08
22.38	**20.79**	**19.31**	**26.00**	**21.25**	**18.76**	**249.12**	**11.36**	**-3.51**
16.06	14.26	13.10	17.47	14.33	12.79	170.98	7.79	-4.29
5.04	4.55	4.12	5.53	5.08	4.64	55.03	2.51	2.92
1.78	1.98	2.08	2.99	1.84	1.33	23.10	1.05	-11.43
5.06	**5.10**	**6.26**	**6.77**	**5.81**	**6.69**	**67.24**	**3.07**	**-2.37**
4.14	4.17	5.25	5.68	4.87	5.67	56.15	2.56	-1.75
0.84	0.83	0.91	1.00	0.85	0.94	10.04	0.46	-4.51
0.08	0.10	0.09	0.09	0.08	0.09	1.05	0.05	-12.50
3.35	**3.63**	**3.35**	**4.58**	**3.48**	**3.27**	**40.12**	**1.83**	**6.01**
0.02	**0.02**	**0.02**	**0.02**	**0.02**	**0.02**	**0.22**	**0.01**	**12.04**

1－7　2005～2009 年入境外国旅游者人数（按国籍分）

ANNUAL FOREIGN VISITOR ARRIVALS BY NATIONALITY 2005—2009

单　位：万人次
UNIT：TEN THOUS. PERSON-TIMES

国　籍 NATIONALITY		2005 年 2005	2006 年 2006	2007 年 2007	2008 年 2008	2009 年 2009
总　计	**TOTAL**	**2 025.51**	**2 221.03**	**2 610.97**	**2 432.53**	**2 193.75**
亚　洲	**ASIA**	**1 250.63**	**1 359.60**	**1 607.03**	**1 456.17**	**1 377.93**
日　本	JAPAN	339.00	374.59	397.75	344.61	331.75
韩　国	KOREA	354.53	392.40	477.68	396.04	319.75
蒙　古	MONGOLIA	64.20	63.12	68.20	70.53	57.67
印度尼西亚	INDONESIA	37.76	43.30	47.71	42.63	46.90
马来西亚	MALAYSIA	89.96	91.05	106.20	104.05	18.32
菲律宾	PHILIPPINES	65.40	70.42	83.30	79.53	74.89
新加坡	SINGAPORE	75.59	82.79	92.20	87.58	88.95
泰　国	THAILAND	58.63	59.20	61.16	55.43	54.18
印　度	INDIA	35.65	40.51	46.25	43.66	44.89
其　他	OTHERS	129.91	142.23	226.60	232.12	340.62
欧　洲	**EUROPE**	**478.49**	**527.18**	**620.73**	**611.27**	**459.12**
英　国	UNITED KINGDOM	49.96	55.26	60.51	55.15	52.88
法　国	FRANCE	37.20	40.22	46.34	43.00	42.48
德　国	GERMANY	45.49	50.06	55.67	52.89	51.85
意大利	ITALY	17.70	19.53	21.52	19.44	19.14
瑞　士	SWITZERLAND	5.14	5.79	6.46	6.34	6.26
瑞　典	SWEDEN	11.03	12.96	14.51	13.77	12.58
荷　兰	NETHERLANDS	14.58	16.78	19.41	18.09	16.69
俄罗斯	RUSSIA	222.39	240.51	300.39	312.34	174.30
其　他	OTHERS	75.01	86.08	95.92	90.25	82.96
美　洲	**AMERICA**	**214.58**	**240.58**	**272.10**	**258.19**	**249.12**
美　国	U.S.A	155.55	171.03	190.12	178.64	170.98
加拿大	CANADA	42.98	49.97	57.72	53.47	55.03
其　他	OTHERS	16.05	19.59	24.26	26.08	23.10
大洋洲	**OCEANIA**	**57.36**	**63.86**	**72.85**	**68.87**	**67.24**
澳大利亚	AUSTRALIA	48.30	53.81	60.74	57.15	56.15
新西兰	NEW ZEALAND	7.84	8.86	10.87	10.52	10.04
其　他	OTHERS	1.22	1.19	1.24	1.20	1.05
非　洲	**AFRICA**	**23.80**	**29.38**	**37.91**	**37.84**	**40.12**
其　他	**OTHERS**	**0.65**	**0.43**	**0.34**	**0.19**	**0.22**

资料来源：公安部
SOURCE：MINISTRY OF PUBLIC SECURITY

二、入境外国游客主要特征

2. MAJOR PROFILE OF FOREIGN VISITOR ARRIVALS

2-1 2008~2009 年入境外国游客人数
（按年龄、性别、目的和入境方式分）
FOREIGN VISITOR ARRIVALS BY AGE, SEX, PURPOSE & MODE OF TRANSPORT 2008—2009

单　位：万人次
UNIT：TEN THOUS. PERSON-TIMES

项　　目	ITEM	2009 年 2009	占总人数比重(%) P. C. TOTAL	2008 年 2008	占总人数比重(%) P. C. TOTAL
总　　计	**TOTAL**	**2 193.75**	**100.0**	**2 432.53**	**100.0**
14 岁及以下	UNDER 14	92.05	4.2	98.52	4.1
15~24 岁	15-24	171.90	7.8	206.13	8.5
25~44 岁	25-44	1 004.28	45.8	1 129.10	46.4
45~64 岁	45-64	796.56	36.3	871.70	35.8
65 岁及以上	OVER 65	128.95	5.9	127.09	5.2
男	MALE	1 430.15	65.2	1 560.90	64.2
女	FEMALE	763.60	34.8	871.64	35.8
会议/商务	MEETING/ BUSINESS	523.72	23.9	567.77	23.3
观光休闲	SIGHTSEEING/ LEISURE	1 013.27	46.2	1 203.96	49.5
探亲访友	VISITING RELATIVES & FRIENDS	8.01	0.4	6.79	0.3
服务员工	WORKER & CREW	227.37	10.4	243.19	10.0
其　　他	OTHERS	421.38	19.2	410.82	16.9
船　　舶	SEA	234.18	10.7	274.85	11.3
飞　　机	AIR	1 254.88	57.2	1 342.78	55.2
火　　车	RAIL	53.35	2.4	80.18	3.3
汽　　车	MOTOR	276.43	12.6	367.07	15.1
徒　　步	FOOT	374.91	17.1	367.66	15.1

资料来源：公安部
SOURCE：MINISTRY OF PUBLIC SECURITY

2－2　2009年各月入境外国

MONTHLY FOREIGN VISITOR

月　份 MONTH	合　计 TOTAL	会议/商务 MEETING/ BUSINESS
全　年　WHOLE YEAR	**2 193.75**	**523.72**
一　月　JAN.	144.69	31.56
二　月　FEB.	156.08	39.94
三　月　MAR.	181.94	44.22
四　月　APR.	191.17	45.50
五　月　MAY	175.69	41.58
六　月　JUNE	171.05	42.26
七　月　JULY	190.94	43.14
八　月　AUG.	201.35	43.64
九　月　SEP.	185.71	44.67
十　月　OCT.	213.51	55.10
十一月　NOV.	189.27	49.59
十二月　DEC.	192.34	42.51

资料来源：公安部

SOURCE：MINISTRY OF PUBLIC SECURITY

游客人数（按目的分）
ARRIVALS BY PURPOSE 2009

单　位：万人次
UNIT：TEN THOUS. PERSON-TIMES

观光休闲 SIGHTSEEING/ LEISURE	探亲访友 VISITING RELATIVES & FRIENDS	服务员工 WORKER & CREW	其　他 OTHERS
1 013.27	**8.01**	**227.37**	**421.38**
62.69	0.72	17.54	32.18
63.93	0.60	16.48	35.13
85.36	0.67	20.14	31.55
94.49	0.69	19.52	30.98
82.26	0.60	19.44	31.81
79.38	0.60	18.37	30.44
93.95	0.59	19.39	33.87
91.37	0.86	19.64	45.84
85.18	0.59	19.38	35.90
98.79	0.65	19.38	39.59
85.40	0.60	18.98	34.71
90.50	0.84	19.12	39.37

2-3 2009年各月入境外国游客人数

（按年龄和性别分）

MONTHLY FOREIGN VISITOR ARRIVALS BY AGE & SEX 2009

单 位：万人次

UNIT：TEN THOUS. PERSON-TIMES

月份 MONTH	合计 TOTAL	年龄 AGE					性别 SEX	
		14岁及以下 UNDER 14	15~24岁 15-24	25~44岁 25-44	45~64岁 45-64	65岁及以上 OVER 65	男 MALE	女 FEMALE
全年 WHOLE YEAR	**2193.75**	**92.05**	**171.90**	**1004.28**	**796.56**	**128.95**	**1430.15**	**763.60**
一月 JAN.	144.69	8.71	11.70	68.75	49.50	6.03	93.98	50.70
二月 FEB.	156.08	5.97	14.20	72.85	55.22	7.84	104.81	51.27
三月 MAR.	181.94	5.93	12.95	82.83	67.69	12.55	120.43	61.51
四月 APR.	191.17	6.76	12.03	86.15	72.49	13.74	124.51	66.66
五月 MAY	175.69	5.68	11.90	81.16	65.21	11.74	115.00	60.70
六月 JUNE	171.05	7.94	13.81	78.47	61.66	9.17	112.66	58.39
七月 JULY	190.94	11.30	18.48	84.96	66.91	9.29	122.27	68.67
八月 AUG.	201.35	12.67	21.35	90.49	67.92	8.92	125.97	75.38
九月 SEP.	185.71	5.38	14.19	84.07	69.26	12.82	120.44	65.28
十月 OCT.	213.51	6.55	12.76	98.37	81.10	14.73	140.18	73.33
十一月 NOV.	189.27	5.31	11.24	87.46	72.57	12.69	126.42	62.85
十二月 DEC.	192.34	9.85	17.31	88.72	67.05	9.42	123.48	68.86

资料来源：公安部

SOURCE：MINISTRY OF PUBLIC SECURITY

2－4　2009 年各月入境外国游客人数（按入境方式分）
MONTHLY FOREIGN VISITOR ARRIVALS BY MODE OF TRANSPORT 2009

单　位：万人次
UNIT：TEN THOUS. PERSON-TIMES

月　份 MONTH	总　计 TOTAL	船舶 SEA	飞机 AIR	火车 RAIL	汽车 MOTOR	徒步 FOOT
全　年 WHOLE YEAR	**2 193.75**	**234.18**	**1 254.88**	**53.35**	**276.43**	**374.91**
一　月　JAN.	144.69	16.60	79.47	3.55	19.32	25.75
二　月　FEB.	156.08	15.72	90.25	3.50	20.07	26.54
三　月　MAR.	181.94	19.35	102.43	4.63	22.77	32.77
四　月　APR.	191.17	18.91	108.55	6.02	22.91	34.78
五　月　MAY	175.69	19.13	101.17	4.09	20.98	30.33
六　月　JUNE	171.05	18.90	95.73	3.76	22.04	30.61
七　月　JULY	190.94	22.53	109.85	4.01	23.03	31.52
八　月　AUG.	201.35	22.42	117.88	4.36	25.96	30.74
九　月　SEP.	185.71	21.07	108.43	4.12	23.42	28.68
十　月　OCT.	213.51	22.15	124.72	6.43	27.55	32.68
十一月　NOV.	189.27	18.19	109.48	4.75	23.82	33.03
十二月　DEC.	192.34	19.21	106.93	4.13	24.58	37.49

资料来源：公安部
SOURCE：MINISTRY OF PUBLIC SECURITY

2－5　2009年入境外国游客
FOREIGN VISITOR ARRIVALS

国籍 NATIONALITY	合计 TOTAL	会议/商务 MEETING/BUSINESS
总　计 TOTAL	**2 193.75**	**523.72**
亚　洲 ASIA	**1 377.93**	**319.45**
日　本 JAPAN	331.75	79.02
韩　国 KOREA	319.75	116.79
蒙　古 MONGOLIA	57.67	5.05
印度尼西亚 INDONESIA	46.90	1.83
马来西亚 MALAYSIA	105.90	19.68
菲律宾 PHILIPPINES	74.89	2.93
新加坡 SINGAPORE	88.95	14.00
泰　国 THAILAND	54.18	2.40
印　度 INDIA	44.89	12.94
其　他 OTHERS	253.03	64.81
欧　洲 EUROPE	**459.12**	**120.21**
英　国 UNITE KINGDOM	52.88	16.87
法　国 FRANCE	42.48	8.85
德　国 GERMANY	51.85	19.05
意大利 ITALY	19.14	6.82
瑞　士 SWITZERLAND	6.26	2.09
瑞　典 SWEDEN	12.58	2.78
荷　兰 NETHERLANDS	16.69	2.52
俄罗斯 RUSSIA	174.30	40.68
其　他 OTHERS	82.96	20.56
美　洲 AMERICA	**249.12**	**55.12**
美　国 U.S.A.	170.98	42.23
加拿大 CANADA	55.03	7.58
其　他 OTHERS	23.10	5.31
大洋洲 OCEANIA	**67.24**	**12.07**
澳大利亚 AUSTRALIA	56.15	10.48
新西兰 NEW ZEALAND	10.04	1.41
其　他 OTHERS	1.05	0.19
非　洲 AFRICA	**40.12**	**16.84**
其　他 OTHERS	**0.22**	**0.03**

资料来源：公安部

SOURCE：MINISTRY OF PUBLIC SECURITY

人数（按国籍和目的分）

BY NATIONALITY & PURPOSE 2009

单　位：万人次

UNIT：TEN THOUS. PERSON-TIMES

观光休闲 SIGHTSEEING/ LEISURE	探亲访友 VISITING RELATIVES & FRIENDS	服务员工 WORKER & CREW	其　他 OTHERS
1 013.27	**8.01**	**227.37**	**421.38**
562.81	**7.41**	**158.26**	**330.01**
105.38	3.26	13.46	130.63
134.92	0.61	30.32	37.11
2.65	0.05	3.97	45.96
35.00	0.04	7.18	2.85
72.96	0.07	5.86	7.33
21.70	0.05	44.18	6.04
34.55	3.13	4.34	32.94
43.63	0.03	4.86	3.26
16.62	0.05	9.11	6.18
95.40	0.13	34.98	57.70
238.87	**0.25**	**50.33**	**49.47**
26.07	0.04	2.84	7.06
22.86	0.05	2.84	7.87
20.16	0.04	3.97	8.63
8.79	0.01	0.92	2.60
2.91	0.00	0.41	0.85
6.76	0.01	0.44	2.60
10.73	0.01	1.45	1.98
102.47	0.01	22.81	8.32
38.13	0.05	14.64	9.57
151.17	**0.23**	**12.06**	**30.53**
99.62	0.14	8.42	20.57
38.34	0.06	1.85	7.19
13.21	0.03	1.78	2.77
43.09	**0.09**	**3.53**	**8.45**
36.34	0.07	2.64	6.63
6.34	0.02	0.55	1.73
0.41	0.00	0.35	0.09
17.25	**0.02**	**3.19**	**2.81**
0.07	**0.01**	**0.00**	**0.11**

2－6　2009 年入境外国游客

FOREIGN VISITOR ARRIVALS

国籍 NATIONALITY		合计 TOTAL	年龄	
			14 岁及以下 UNDER 14	15～24 岁 15－24
总　　计	**TOTAL**	**2 193.75**	**92.05**	**171.90**
亚　　洲	**ASIA**	**1 377.93**	**49.76**	**102.91**
日　　本	JAPAN	331.75	9.95	11.71
韩　　国	KOREA	319.75	13.95	20.34
蒙　　古	MONGOLIA	57.67	1.86	7.88
印度尼西亚	INDONESIA	46.90	1.87	4.17
马来西亚	MALAYSIA	105.90	4.36	6.57
菲律宾	PHILIPPINES	74.89	1.30	4.54
新加坡	SINGAPORE	88.95	4.58	5.08
泰　　国	THAILAND	54.18	1.80	3.92
印　　度	INDIA	44.89	1.30	4.21
其　　他	OTHERS	253.03	8.80	34.48
欧　　洲	**EUROPE**	**459.12**	**17.33**	**44.86**
英　　国	UNITED KINGDOM	52.88	2.12	3.51
法　　国	FRANCE	42.48	2.35	3.41
德　　国	GERMANY	51.85	1.85	3.25
意大利	ITALY	19.14	0.45	0.95
瑞　　士	SWITZERLAND	6.26	0.24	0.36
瑞　　典	SWEDEN	12.58	0.64	1.30
荷　　兰	NETHERLANDS	16.69	0.82	1.23
俄罗斯	RUSSIA	174.30	6.39	25.15
其　　他	OTHERS	82.96	2.48	5.70
美　　洲	**AMERICA**	**249.12**	**19.00**	**17.68**
美　　国	U. S. A.	170.98	12.38	11.82
加拿大	CANADA	55.03	4.79	3.96
其　　他	OTHERS	23.10	1.83	1.90
大洋洲	**OCEANIA**	**67.24**	**5.26**	**4.32**
澳大利亚	AUSTRALIA	56.15	4.24	3.60
新西兰	NEW ZEALAND	10.04	0.97	0.63
其　　他	OTHERS	1.05	0.04	0.09
非　　洲	**AFRICA**	**40.12**	**0.70**	**2.12**
其　　他	**OTHERS**	**0.22**	**0.01**	**0.01**

资料来源：公安部

SOURCE：MINISTRY OF PUBLIC SECURITY

人数（按国籍、年龄和性别分）

BY NATIONALITY，AGE & SEX 2009

单　位：万人次

UNIT：TEN THOUS. PERSON-TIMES

AGE			性　别　SEX	
25～44 岁 25－44	45～64 岁 45－64	65 岁及以上 OVER 65	男 MALE	女 FEMALE
1 004.28	**796.56**	**128.95**	**1 430.15**	**763.60**
653.58	488.77	82.90	923.59	454.34
128.94	145.99	35.15	245.00	86.75
137.77	126.14	21.56	213.78	105.97
34.25	13.18	0.50	28.05	29.62
24.32	13.85	2.69	24.05	22.86
50.95	37.62	6.40	64.52	41.38
47.68	20.23	1.15	57.84	17.05
34.78	38.50	6.03	55.99	32.96
24.74	19.89	3.83	25.59	28.59
27.00	11.34	1.04	37.99	6.91
143.16	62.02	4.57	170.79	82.24
213.46	**163.93**	**19.54**	**275.87**	**183.25**
21.53	22.20	3.51	37.27	15.61
20.00	14.31	2.41	28.10	14.38
23.42	20.03	3.30	37.73	14.12
9.51	7.17	1.05	14.62	4.52
2.68	2.53	0.45	4.48	1.78
5.22	4.61	0.81	8.24	4.33
7.20	6.51	0.94	11.27	5.42
81.75	57.12	3.89	75.36	98.94
42.16	29.44	3.17	58.79	24.16
85.05	**106.02**	**21.37**	**158.99**	**90.13**
53.47	77.10	16.21	111.35	59.63
20.04	21.96	4.27	32.36	22.68
11.54	6.95	0.89	15.28	7.82
25.74	**27.30**	**4.63**	**41.50**	**25.74**
20.95	23.31	4.05	34.69	21.47
4.22	3.67	0.55	6.05	3.99
0.57	0.32	0.02	0.76	0.29
26.35	**10.45**	**0.50**	**30.07**	**10.04**
0.11	**0.09**	**0.01**	**0.13**	**0.09**

2－7　2009年入境外国游客人数（按国籍和入境方式分）
FOREIGN VISITOR ARRIVALS BY NATIONALITY & MODE OF TRANSPORT 2009

单　位：万人次
UNIT：TEN THOUS. PERSON-TIMES

国　籍 NATIONALITY		总　计 TOTAL	船舶 SEA	飞机 AIR	火车 RAIL	汽车 MOTOR	徒步 FOOT
总　计	**TOTAL**	**2 193.75**	**234.18**	**1 254.88**	**53.35**	**276.43**	**374.91**
亚　洲	**ASIA**	**1 377.93**	**148.69**	**797.21**	**23.73**	**126.28**	**282.02**
日　本	JAPAN	331.75	13.23	254.80	4.54	22.29	36.89
韩　国	KOREA	319.75	45.17	246.76	1.81	9.65	16.36
蒙　古	MONGOLIA	57.67	0.06	6.44	4.24	44.34	2.59
印度尼西亚	INDONESIA	46.90	7.69	18.28	1.05	6.73	13.16
马来西亚	MALAYSIA	105.90	3.20	69.97	1.13	6.73	24.86
菲律宾	PHILIPPINES	74.89	43.73	14.36	0.68	3.65	12.48
新加坡	SINGAPORE	88.95	3.32	57.71	1.14	7.12	19.67
泰　国	THAILAND	54.18	1.90	35.25	0.42	2.94	13.67
印　度	INDIA	44.89	10.03	19.52	1.49	4.23	9.62
其　他	OTHERS	253.03	20.35	74.12	7.23	18.60	132.73
欧　洲	**EUROPE**	**459.12**	**67.61**	**229.84**	**16.99**	**109.03**	**35.66**
英　国	UNITED KINGDOM	52.88	4.10	32.45	2.23	5.57	8.53
法　国	FRANCE	42.48	1.95	31.08	1.50	3.34	4.60
德　国	GERMANY	51.85	3.14	41.41	1.15	2.77	3.38
意大利	ITALY	19.14	1.68	13.60	0.70	1.48	1.68
瑞　士	SWITZERLAND	6.26	0.32	4.64	0.25	0.44	0.61
瑞　典	SWEDEN	12.58	0.46	10.24	0.40	0.65	0.82
荷　兰	NETHERLANDS	16.69	0.73	12.39	0.69	1.15	1.72
俄罗斯	RUSSIA	174.30	41.70	27.52	7.88	89.90	7.30
其　他	OTHERS	82.96	13.51	56.51	2.20	3.72	7.02
美　洲	**AMERICA**	**249.12**	**12.69**	**160.86**	**7.67**	**30.61**	**37.30**
美　国	U.S.A.	170.98	8.36	116.40	4.30	19.76	22.16
加拿大	CANADA	55.03	2.82	30.98	1.99	7.97	11.27
其　他	OTHERS	23.10	1.51	13.48	1.37	2.87	3.86
大洋洲	**OCEANIA**	**67.24**	**3.90**	**37.74**	**2.66**	**7.85**	**15.09**
澳大利亚	AUSTRALIA	56.15	3.03	31.91	2.18	6.33	12.70
新西兰	NEW ZEALAND	10.04	0.51	5.55	0.45	1.37	2.16
其　他	OTHERS	1.05	0.36	0.28	0.03	0.14	0.24
非　洲	**AFRICA**	**40.12**	**1.28**	**29.17**	**2.30**	**2.63**	**4.73**
其　他	**OTHERS**	**0.22**	**0.01**	**0.06**	**0.00**	**0.04**	**0.11**

资料来源：公安部
SOURCE：MINISTRY OF PUBLIC SECURITY

三、国际旅游（外汇）收入

3. INTERNATIONAL TOURISM RECEIPTS

3－1　1978～2009年国际旅游（外汇）收入

INTERNATIONAL TOURISM RECEIPTS 1978—2009

年　份 YEAR	国际旅游(外汇)收入 (亿美元) TOURISM RECEIPTS (100Mn. US $)	发展指数 (1978年为100) INDICES (1978＝100)	比上年增长 (%) GROWTH (%)
1978	2.63	100.00	—
1979	4.49	170.90	70.90
1980	6.17	234.60	37.30
1981	7.85	298.60	27.30
1982	8.43	320.70	7.40
1983	9.41	358.00	11.60
1984	11.31	430.30	20.20
1985	12.50	475.50	10.50
1986	15.31	582.30	22.50
1987	18.62	708.10	21.60
1988	22.47	854.60	20.70
1989	18.60	707.70	－17.20
1990	22.18	843.50	19.20
1991	28.45	1 082.10	28.30
1992	39.47	1 501.30	38.70
1993	46.83	1 781.40	18.70
1994	73.23	2 785.40	*
1995	87.33	3 321.70	19.25
1996	102.00	3 879.98	16.81
1997	120.74	4 592.67	18.37
1998	126.02	4 793.36	4.37
1999	140.99	5 362.70	11.88
2000	162.24	6 171.17	15.08
2001	177.92	6 767.59	9.67
2002	203.85	7 753.90	14.57
2003	174.06	6 620.82	－14.61
2004	257.39	9 790.35	47.87
2005	292.96	11 143.38	13.82
2006	339.49	12 913.28	15.88
2007	419.19	15 944.81	23.48
2008	408.43	15 535.43	－2.57
2009	396.75	15 091.29	－2.86

注：＊由于国家外汇管理体制变化，1994年国际旅游（外汇）收入统计方法也做了相应的改革，采用了与国际接轨的办法，与往年不能简单对比。

NOTE：＊BECAUSE OF THE REFORM IN THE FOREIGN CURRENCY CONTROL SYSTEM, THE METHOD OF CALCULATING TOURISM RECEIPTS IN 1994 HAS ALSO BEEN ADJUSTED AND THE INTERNATIONAL STANDARD IS ADOPTED. IT IS NOT PROPER TO MAKE SIMPLE COMPARISON WITH THE FIGURES OF PREVIOUS YEARS.

3－2　2009年国际旅游（外汇）收入构成
BREAKDOWN OF INTERNATIONAL TOURISM RECEIPTS 2009

单　位：亿美元
UNIT：100Mn. US $

	国际旅游收入 TOURISM RECEIPTS	占总收入比重(%) P. C. TOTAL
总　　计　TOTAL	**396.75**	**100.0**
一、长途交通 LONG-DISTANCE TRANSPORTATION	117.41	29.6
1. 民航　AIR	85.84	21.6
2. 铁路　RAIL	12.77	3.2
3. 汽车　MOTOR	9.58	2.4
4. 轮船　SEA	9.22	2.3
二、游览　SIGHTSEEING	20.80	5.2
三、住宿　ACCOMMODATION	44.34	11.2
四、餐饮　FOOD & BEVERAGE	36.14	9.1
五、商品销售　SHOPPING	91.49	23.1
六、娱乐　ENTERTAINMENT	28.82	7.3
七、邮电通讯　COMMUNICATION	9.55	2.4
八、市内交通　LOCAL TRANSPORTATION	13.29	3.4
九、其他服务　OTHERS	34.91	8.8

3-3　2009年各月国际旅游（外汇）收入
MONTHLY OF INTERNATIONAL TOURISM RECEIPTS 2009

单　位：亿美元
UNIT：100 Mn. US $

月　份 MONTH	总　计 TOTAL	外国人 FOREIGN-ERS	香港同胞 HONG KONG COMPATRIOTS	澳门同胞 MACAO COMPATRIOTS	台湾同胞 TAIWAN COMPATRIOTS
全　年 WHOLE YEAR	**396.75**	**222.54**	**97.46**	**27.47**	**49.27**
一　月　JAN.	28.49	14.41	8.27	2.49	3.32
二　月　FEB.	29.29	15.80	7.16	2.17	4.15
三　月　MAR.	32.64	18.32	8.06	2.39	3.88
四　月　APR.	35.34	19.43	9.07	2.47	4.38
五　月　MAY	31.86	17.69	7.89	2.37	3.90
六　月　JUNE	30.76	17.28	7.62	2.23	3.63
七　月　JULY	34.41	19.41	8.15	2.32	4.53
八　月　AUG.	35.89	20.56	8.54	2.29	4.50
九　月　SEP.	32.46	18.83	7.74	2.03	3.87
十　月　OCT.	37.56	21.95	8.47	2.22	4.91
十一月　NOV.	33.60	19.27	7.94	2.18	4.21
十二月　DEC.	34.45	19.59	8.56	2.31	3.98

3-4 2008~2009年主要城市国际旅游（外汇）收入

INTERNATIONAL TOURISM RECEIPTS BY MAJOR CITIES 2008—2009

单　位：万美元

UNIT：TEN THOUS. US $

城市名称 NAME OF CITY		2009年 2009	2008年 2008	增长(%) GROWTH(%)
北　京	BEIJING	435 668	445 913	-2.3
天　津	TIANJIN	118 264	100 139	18.1
石家庄	SHIJIAZHUANG	4 325	3 703	16.8
秦皇岛	QINHUANGDAO	11 909	10 169	17.1
承　德	CHENGDE	5 020	5 365	-6.4
太　原	TAIYUAN	13 384	9 886	35.4
大　同	DATONG	6 192	5 520	12.2
呼和浩特	HOHHOT	5 490	5 259	4.4
沈　阳	SHENYANG	36 999	33 009	12.1
大　连	DALIAN	72 748	65 835	10.5
长　春	CHANGCHUN	11 626	10 681	8.8
吉　林	JILIN	1 440	1 396	3.1
延　边	YANBIAN	8 798	7 208	22.1
哈尔滨	HARBIN	14 540	18 034	-19.4
上　海	SHANGHAI	474 402	497 172	-4.6
南　京	NANJING	83 728	87 174	-4.0
无　锡	WUXI	34 889	33 518	4.1
苏　州	SUZHOU	99 725	99 547	0.2
南　通	NANTONG	30 933	28 368	9.0
连云港	LIANYUNGANG	9 173	7 959	15.3
杭　州	HANGZHOU	137 995	129 610	6.5
宁　波	NINGBO	48 650	46 874	3.8
温　州	WENZHOU	17 797	16 109	10.5
合　肥	HEFEI	10 758	8 229	30.7
黄　山	HUANGSHAN	25 881	22 014	17.6
福　州	FUZHOU	77 400	65 750	17.7
厦　门	XIAMEN	90 194	81 865	10.2
泉　州	QUANZHOU	64 771	65 980	-1.8

3-4(续1)

城市名称 NAME OF CITY		2009年 2009	2008年 2008	增长(%) GROWTH(%)
漳　州	ZHANGZHOU	12 685	11 653	8.9
南　昌	NANCHANG	3 167	2 989	6.0
九　江	JIUJIANG	7 761	6 159	26.0
济　南	JINAN	9 318	8 336	11.8
青　岛	QINGDAO	55 178	50 030	10.3
烟　台	YANTAI	31 081	26 708	16.4
威　海	WEIHAI	16 083	13 734	17.1
郑　州	ZHENGZHOU	13 800	11 823	16.7
洛　阳	LUOYANG	13 154	11 051	19.0
武　汉	WUHAN	32 902	25 429	29.4
长　沙	CHANGSHA	36 490	36 304	0.5
广　州	GUANGZHOU	362 396	313 036	15.8
深　圳	SHENZHEN	276 026	270 399	2.1
珠　海	ZHUHAI	102 670	94 823	8.3
汕　头	SHANTOU	4 910	6 490	-24.3
湛　江	ZHANJIANG	2 237	1 891	18.3
中　山	ZHONGSHAN	20 434	22 702	-10.0
南　宁	NANNING	3 939	4 127	-4.6
桂　林	GUILIN	41 736	39 218	6.4
北　海	BEIHAI	1 721	1 559	10.4
海　口	HAIKOU	3 089	3 702	-16.6
三　亚	SANYA	19 497	26 255	-25.7
重　庆	CHONGQING	53 721	44 978	19.4
成　都	CHENGDU	21 937	15 388	42.6
贵　阳	GUIYANG	4 122	6 150	-33.0
昆　明	KUNMING	21 759	20 686	5.2
拉　萨	LHASA	5 704	2 122	168.8
西　安	XI'AN	38 293	35 956	6.5
兰　州	LANZHOU	289	360	-19.7
西　宁	XINING	970	895	8.4
银　川	YINCHUAN	341	224	51.9
乌鲁木齐	URUMQI	4 836	8 921	-45.8

3-5 2008~2009年各地区国际旅游（外汇）收入
INTERNATIONAL TOURISM RECEIPTS BY LOCALITY 2008—2009

单　位：万美元
UNIT：TEN THOUS. US $

地　区 LOCALITY		2009年 2009	2008年 2008	2009年比2008年增长(%) GROWTH(%)
北　京	BEIJING	435 668	445 913	-2.3
天　津	TIANJIN	118 264	100 139	18.1
河　北	HEBEI	30 781	27 395	12.4
山　西	SHANXI	37 794	30 065	25.7
内蒙古	INNER MONGOLIA	55 831	57 719	-3.3
辽　宁	LIAONING	185 621	152 618	21.6
吉　林	JILIN	24 294	21 144	14.9
黑龙江	HEILONGJIANG	63 868	86 995	-26.6
上　海	SHANGHAI	474 402	497 172	-4.6
江　苏	JIANGSU	401 601	388 020	3.5
浙　江	ZHEJIANG	322 358	302 408	6.6
安　徽	ANHUI	56 584	45 445	24.5
福　建	FUJIAN	259 923	239 353	8.6
江　西	JIANGXI	28 975	25 170	15.1
山　东	SHANDONG	176 530	139 110	26.9
河　南	HENAN	43 303	37 444	15.6
湖　北	HUBEI	51 020	44 255	15.3
湖　南	HUNAN	67 270	61 742	9.0
广　东	GUANGDONG	1 002 813	917 498	9.3
广　西	GUANGXI	64 334	60 166	6.9
海　南	HAINAN	27 666	31 388	-11.9
重　庆	CHONGQING	53 721	44 978	19.4
四　川	SICHUAN	28 856	15 388	87.5
贵　州	GUIZHOU	11 044	11 697	-5.6
云　南	YUNNAN	117 221	100 755	16.3
西　藏	TIBET	7 873	3 112	153.0
陕　西	SHAANXI	77 107	66 011	16.8
甘　肃	GANSU	1 254	1 603	-21.8
青　海	QINGHAI	1 542	1 015	52.0
宁　夏	NINGXIA	443	301	47.2
新　疆	XINJIANG	13 663	13 578	0.6

3－6 2009年入境旅游者人均天消费情况（按地区分）

THE AVERAGE DAILY PER CAPITA EXPENDITURE BY INTERNATIONAL TOURISTS 2009

地　　区 LOCALITY		人均天花费（美元/人天）(US $/NIGHT)	AVERAGE EXPENDITURE			
			外国人 FOREIGNERS	香港同胞 HONG KONG COMPATRIOTS	澳门同胞 MACAO COMPATRIOTS	台湾同胞 TAIWAN COMPATRIOTS
北　京	BEIJING	252.46	249.36	263.55	282.03	273.47
天　津	TIANJIN	198.84	198.17	204.41	210.75	191.03
河　北	HEBEI	163.39	162.09	171.71	173.67	173.11
山　西	SHANXI	176.01	172.75	178.59	200.03	178.88
内蒙古	INNER MONGOLIA	183.68	184.29	176.08	198.08	173.67
辽　宁	LIAONING	202.38	201.64	206.60	202.39	204.73
吉　林	JILIN	176.25	177.36	166.06	168.06	183.26
黑龙江	HEILONGJIANG	190.44	194.26	165.78	190.29	166.24
上　海	SHANGHAI	248.48	248.53	246.69	246.82	250.46
江　苏	JIANGSU	212.57	211.13	218.70	206.80	215.74
浙　江	ZHEJIANG	209.34	211.77	200.46	197.72	202.47
安　徽	ANHUI	181.66	179.26	191.68	191.27	189.83
福　建	FUJIAN	195.08	199.58	190.88	180.05	187.95
江　西	JIANGXI	153.45	153.77	146.77	157.08	161.25
山　东	SHANDONG	205.27	202.20	211.85	222.95	208.69
河　南	HENAN	150.89	151.08	144.10	147.50	155.16
湖　北	HUBEI	193.43	189.80	195.48	214.48	191.14
湖　南	HUNAN	188.76	188.63	186.75	187.26	195.20
广　东	GUANGDONG	174.84	177.00	169.74	171.80	173.94
广　西	GUANGXI	181.73	179.44	186.31	174.08	189.72
海　南	HAINAN	172.47	173.18	177.06	135.68	176.78
重　庆	CHONGQING	172.65	162.10	183.00	212.65	223.55
四　川	SICHUAN	175.63	181.78	157.53	155.81	155.22
贵　州	GUIZHOU	170.62	171.61	176.29	150.83	164.37
云　南	YUNNAN	180.85	178.74	196.59	181.93	181.84
西　藏	TIBET	174.52	176.28	142.92	—	187.08
陕　西	SHAANXI	186.49	187.09	193.77	172.92	163.02
甘　肃	GANSU	155.36	163.49	153.81	96.59	85.33
青　海	QINGHAI	153.65	157.16	156.42	52.63	141.85
宁　夏	NINGXIA	155.56	158.24	146.53	164.68	131.99
新　疆	XINJIANG	176.40	179.99	145.95	116.67	165.38

资料来源：2009年“入境游客在华花费情况抽样调查”

SOURCE：THE 2009 SAMPLING OF EXPENDITURES BY INTERNATIONAL VISITORS IN CHINA

3－7　2009 年入境旅游者

BREAKDOWN OF THE AVERAGE DAILY PER CAPITA

地　区 LOCALITY	人均天花费 (美元/人天) EXPENDITURE (US $/NIGHT)	人均天消费构成(%)		
		长途交通 LONG-DISTANCE TRANSPORTATION	游　览 SIGHTSEEING	住　宿 ACCOMMODATION
北　京　BEIJING	252.46	37.4	3.9	14.5
天　津　TIANJIN	198.84	40.7	4.8	14.3
河　北　HEBEI	163.39	30.8	4.3	13.9
山　西　SHANXI	176.01	29.7	9.1	16.9
内蒙古　INNER MONGOLIA	183.68	22.2	3.3	8.2
辽　宁　LIAONING	202.38	26.2	5.0	17.4
吉　林　JILIN	176.25	27.7	4.8	17.0
黑龙江　HEILONGJIANG	190.44	19.3	3.2	11.3
上　海　SHANGHAI	248.48	35.4	4.3	15.5
江　苏　JIANGSU	212.57	28.3	4.2	14.5
浙　江　ZHEJIANG	209.34	31.5	4.3	16.1
安　徽　ANHUI	181.66	30.5	5.3	11.9
福　建　FUJIAN	195.08	36.0	3.4	10.1
江　西　JIANGXI	153.45	25.9	4.9	11.6
山　东　SHANDONG	205.27	34.2	4.2	13.8
河　南　HENAN	150.89	37.4	6.2	13.1
湖　北　HUBEI	193.43	41.7	4.1	10.7
湖　南　HUNAN	188.76	26.1	9.3	11.0
广　东　GUANGDONG	174.84	37.5	3.4	11.5
广　西　GUANGXI	181.73	35.7	6.1	10.7
海　南　HAINAN	172.47	23.8	4.0	16.2
重　庆　CHONGQING	172.65	37.5	3.0	9.0
四　川　SICHUAN	175.63	37.2	6.5	11.3
贵　州　GUIZHOU	170.62	29.2	4.0	12.1
云　南　YUNNAN	180.85	36.6	4.4	11.8
西　藏　TIBET	174.52	39.4	4.8	11.3
陕　西　SHAANXI	186.49	32.3	5.7	13.6
甘　肃　GANSU	155.36	39.8	5.1	13.0
青　海　QINGHAI	153.65	26.9	5.3	12.1
宁　夏　NINGXIA	155.56	38.8	7.7	14.8
新　疆　XINJIANG	176.40	25.1	5.3	7.6

资料来源：2009 年“入境游客在华花费情况抽样调查”

SOURCE：THE 2009 SAMPLING OF EXPENDITURES BY INTERNATIONAL VISITORS IN CHINA

人均天消费构成

EXPENDITURE BY INTERNATIONAL TOURISTS 2009

BREAKDOWN OF EXPENDITURE(%)					
餐 饮 FOOD & BEVERAGE	购 物 SHOPPING	娱 乐 ENTER-TAINMENT	邮电通讯 COMMU-NICATION	市内交通 LOCAL TRANS-PORTATION	其他服务 OTHERS
7.5	20.4	4.6	2.7	2.7	6.3
7.1	17.1	6.3	2.7	2.6	4.4
8.7	19.8	7.7	3.6	3.2	8.0
8.6	15.0	6.5	2.9	1.3	10.0
5.4	40.8	6.5	3.7	3.0	5.9
11.6	22.2	5.3	2.6	2.6	7.1
10.3	20.8	6.8	2.0	1.8	8.8
8.2	44.5	3.7	3.9	1.1	4.8
8.1	19.1	6.4	2.0	3.0	6.2
11.0	23.1	7.4	2.0	2.0	7.5
10.0	19.7	5.1	3.4	2.5	7.4
9.7	24.7	5.4	3.4	1.5	7.6
8.0	16.0	8.8	2.4	2.3	13.0
8.9	26.2	6.9	2.3	2.2	11.1
8.3	18.9	9.3	2.2	1.9	7.2
9.6	14.2	5.5	2.3	4.1	7.6
8.5	18.3	5.0	2.0	2.7	7.0
9.5	28.1	3.5	2.0	1.7	8.8
8.0	20.4	6.1	1.9	2.7	8.5
9.3	21.6	5.6	2.1	2.7	6.2
9.6	21.0	11.4	1.9	2.6	9.5
6.3	23.3	2.7	3.4	4.0	10.8
8.8	17.6	7.5	2.3	2.7	6.1
8.6	30.6	4.1	3.2	0.7	7.5
6.8	24.3	4.4	2.9	2.0	6.8
7.0	19.9	1.2	3.7	2.7	10.0
8.8	20.6	4.6	2.9	2.5	9.0
9.2	20.7	2.0	3.6	0.8	5.8
8.9	21.7	3.6	2.5	9.4	9.6
6.7	10.1	8.4	3.5	3.9	6.1
5.7	46.2	3.0	2.0	0.8	4.3

3-8 2009年入境旅游者

（按年龄、性别、

THE AVERAGE DAILY PER CAPITA

TOURISTS BY AGE, SEX,

		人均天花费（美元/人天）EXPENDITURE	外国人 FOREIGNERS
总 平 均	**AVERAGE TOTAL**	**180.77**	**192.93**
14岁及以下	UNDER 14	179.02	187.83
15~24岁	15-24	165.70	180.36
25~44岁	25-44	178.31	190.38
45~64岁	45-64	186.95	197.61
65岁及以上	OVER 65	186.40	202.02
男	MALE	186.84	198.82
女	FEMALE	171.78	183.78
政府工作人员	OFFICIAL	203.13	208.59
专业技术人员	PROFESSIONAL	182.80	194.03
职　　员	CLERK	178.48	199.68
技工/工人	TECHNICIAN/WORKER	181.53	206.24
商贸人员	BUSINESSMAN	187.04	188.09
服务员/推销员	WAITER/SALESMAN	174.69	202.37
退休人员	RETIRED	174.04	197.88
家庭妇女	HOUSEWIFE	165.92	186.55
军　　人	ARMYMAN	189.88	197.48
学　　生	STUDENT	167.89	177.23
其　　他	OTHER	189.36	194.44
观光游览	SIGHTSEEING	191.47	197.33
休闲度假	LEISURE/HOLIDAY	173.95	193.25
探亲访友	VISITING RELATIVES & FRIENDS	133.77	171.76
商　　务	BUSINESS	187.91	191.16
会　　议	MEETING	217.46	223.71
宗教朝拜	RELIGION/PILGRIMAGE	243.53	255.00
文化体育科技交流	CULTURAL/SPORTS/SCIENTIFIC EXCHANGE PROGRAMME	189.60	195.49
其　　他	OTHERS	170.69	173.60

资料来源：2009年“入境游客花费情况抽样调查”

SOURCE: THE 2009 SAMPLING OF EXPENDITURES BY INTERNATIONAL VISITORS IN CHINA

人均天消费情况

职业和目的分）

EXPENDITURE BY INTERNATIONAL

OCCUPATION & PURPOSE 2009

单位：美元/人天
UNIT：US $/DAILY PER CAPITA

香港同胞 HONG KONG COMPATRIOTS	澳门同胞 MACAO COMPATRIOTS	台湾同胞 TAIWAN COMPATRIOTS
137.68	**112.39**	**183.76**
109.41	109.79	167.42
123.03	102.58	171.48
142.40	106.06	174.43
139.13	122.77	196.32
117.98	130.05	196.82
140.40	112.54	190.33
134.20	112.22	174.31
183.81	143.54	188.94
151.29	121.08	168.70
121.88	115.70	163.82
128.76	96.41	148.05
175.33	121.45	212.44
113.22	88.94	206.27
103.77	108.97	192.73
114.28	109.51	146.60
146.81	—	—
123.67	103.23	175.26
169.37	114.74	216.80
157.18	119.89	197.68
121.03	104.59	173.73
91.77	91.80	148.18
173.15	132.42	192.99
216.60	114.17	202.11
85.48	102.78	364.49
194.22	121.65	170.01
160.03	113.04	201.93

四、国内旅游基本情况

4. STATISTICS OF DOMESTIC TOURISM

4－1　2009 年全国国内旅游基本情况
MAJOR STATISTICS OF DOMESTIC TOURISM 2009

	总人次数（亿人次）DOMESTIC VISITORS（100Mn. PERSON TIMES）	*出游率（%）RATE（%）	总花费（亿元）DOMESTIC TOURISM EXPENDITURE（100Mn. RMB ¥）	人均花费（元）PER CAPITA EXPENDITURE（RMB ¥）
全国总计 TOTAL	**19.02**	**143.2**	**10 183.69**	**535.4**
城镇居民 URBAN RESIDENTS	9.03	212.5	7 233.79	801.1
农村居民 RURAL RESIDENTS	9.99	110.6	2 949.90	295.3
城镇居民 URBAN RESIDENTS	9.03	212.5	7 233.39	801.1
一季度 JAN.—MAR.	2.41	56.8	1 849.87	767.6
二季度 APR.—JUNE	2.15	50.6	1 526.40	710.0
三季度 JULY—SEP.	2.12	49.9	2 081.30	981.7
四季度 OCT.—DEC.	2.35	55.2	1 776.22	755.8

注：*出游率指城镇居民或农村居民出游人次数占其总人口数的比重。

NOTE：*RATE IS THE RATIO THAT THE TOTAL AMOUNT OF THE URBAN VISITORS OR THE RURAL VISITORS COMPARES TO THE URBAN RESIDENTS OR THE RURAL RESIDENTS.

4-2 2009年城镇居民国内旅游情况(按城市分)

STATISTICS OF DOMESTIC TOURISM OF URBAN RESIDENTS BY MAJOR CITIES 2009

城　市 NAME OF CITY		人均花费(元) PER CAPITA EXPENDITURE (RMB ¥)	比上年增长(%) GROWTH (%)	出游率(%) RATE (%)	比上年增长(百分点) GROWTH (%)
总平均	**AVERAGE TOTAL**	**801.10**	**-5.68**	**212.50**	**45.11**
北　京	BEIJING	980.01	-15.68	195.98	-18.36
天　津	TIANJIN	737.23	9.04	223.28	34.95
石家庄	SHIJIAZHUANG	1 528.57	13.68	36.05	-20.25
太　原	TAIYUAN	665.07	-18.14	254.49	91.52
呼和浩特	HOHHOT	445.60	49.58	455.86	101.09
沈　阳	SHENYANG	989.10	-18.06	46.85	10.87
大　连	DALIAN	1 311.06	-17.77	150.01	60.75
长　春	CHANGCHUN	596.63	-3.30	354.83	104.91
哈尔滨	HARBIN	1 708.66	-5.82	110.15	37.27
上　海	SHANGHAI	1 205.72	-8.97	77.53	6.80
南　京	NANJING	1 291.60	18.11	137.93	-12.09
无　锡	WUXI	904.94	-12.76	374.86	140.59
苏　州	SUZHOU	1 364.38	18.56	87.99	-3.26
杭　州	HANGZHOU	1 185.46	11.94	126.39	4.90
宁　波	NINGBO	1 452.46	4.18	48.29	11.77
合　肥	HEFEI	539.84	-10.23	334.35	92.91
福　州	FUZHOU	1 050.24	24.63	22.63	5.06
厦　门	XIAMEN	614.30	-12.20	401.31	121.47
南　昌	NANCHANG	880.96	-29.97	221.46	95.70
济　南	JINAN	782.15	19.55	415.08	128.46
青　岛	QINGDAO	2 079.52	2.16	176.86	-29.46
郑　州	ZHENGZHOU	1 048.75	-13.39	122.13	-14.30
武　汉	WUHAN	713.18	-9.30	350.71	130.82
长　沙	CHANGSHA	735.11	0.54	237.72	1.78
广　州	GUANGZHOU	725.56	22.54	148.92	45.02
深　圳	SHENZHEN	3 959.93	-33.97	23.71	17.09
珠　海	ZHUHAI	444.54	-25.92	331.31	150.59
南　宁	NANNING	672.42	0.94	238.62	54.98
桂　林	GUILIN	605.92	-25.67	111.73	-4.68
海　口	HAIKOU	1 469.74	5.16	36.32	1.91
重　庆	CHONGQING	795.50	27.59	167.50	-25.06
成　都	CHENGDU	680.69	-9.23	185.01	-25.41
贵　阳	GUIYANG	551.20	12.78	240.65	-13.30
昆　明	KUNMING	1 772.50	-8.29	131.50	-30.46
拉　萨	LHASA	1 483.15	—	267.60	—
西　安	XI'AN	387.99	7.62	266.70	-7.22
兰　州	LANZHOU	498.92	-6.46	188.36	90.20
西　宁	XINING	2 165.12	83.68	110.61	78.12
银　川	YINCHUAN	1 555.12	22.78	94.83	11.79
乌鲁木齐	URUMQI	1 153.69	50.27	101.17	-10.92

4-3 2009年城镇居民国内出游情况(按城市和家庭月总收入分组)

DOMESTIC TOURISM OF URBAN RESIDENTS BY INCOME 2009

城市 NAME OF CITY		合计 TOTAL (%)	家庭月总收入(%) FAMILY INCOME MONTHLY(%)					
			15000元以上 OVER 15000	10000～14999元 10000-14999	5000～9999元 5000-9999	2500～4999元 2500-4999	1000～2499元 1000-2499	999元以下 LESS THAN 999
总平均	**AVERAGE TOTAL**	**100.0**	**2.8**	**6.5**	**31.8**	**40.3**	**17.0**	**1.6**
北京	BEIJING	100.0	4.1	11.5	47.4	30.2	6.5	0.2
天津	TIANJIN	100.0	0.5	3.5	33.0	47.8	15.0	0.2
呼和浩特	HOHHOT	100.0	1.0	1.0	24.0	46.5	27.0	0.5
沈阳	SHENYANG	100.0	2.3	4.4	36.9	42.6	12.8	0.9
大连	DALIAN	100.0	2.2	3.8	32.0	49.5	11.8	0.7
长春	CHANGCHUN	100.0	1.1	2.1	26.8	48.2	19.7	2.1
哈尔滨	HARBIN	100.0	5.8	1.9	12.9	41.4	33.2	4.8
上海	SHANGHAI	100.0	4.5	13.7	44.4	31.1	6.0	0.3
南京	NANJING	100.0	5.0	9.9	36.3	39.7	8.8	0.3
无锡	WUXI	100.0	4.0	5.3	23.8	46.4	20.5	0.0
杭州	HANGZHOU	100.0	5.0	7.3	37.1	39.2	10.7	0.7
宁波	NINGBO	100.0	7.6	8.6	30.5	39.9	12.5	0.8
福州	FUZHOU	100.0	2.9	9.6	38.9	35.8	12.2	0.5
厦门	XIAMEN	100.0	7.7	14.5	43.4	28.7	4.8	0.9
南昌	NANCHANG	100.0	1.1	1.4	12.6	47.7	35.4	1.8
济南	JINAN	100.0	1.4	2.4	10.9	38.5	42.9	3.9
郑州	ZHENGZHOU	100.0	0.5	2.2	24.7	44.5	25.8	2.2
武汉	WUHAN	100.0	1.4	4.6	30.3	46.8	16.0	0.8
长沙	CHANGSHA	100.0	4.3	6.1	28.5	43.4	16.2	1.5
广州	GUANGZHOU	100.0	0.8	8.9	58.0	30.5	1.8	0.0
深圳	SHENZHEN	100.0	7.2	14.7	31.5	29.8	15.6	1.3
海口	HAIKOU	100.0	3.7	2.9	16.9	41.2	34.6	0.7
重庆	CHONGQING	100.0	3.5	7.9	31.2	41.7	14.9	0.9
成都	CHENGDU	100.0	2.8	3.2	21.6	48.7	21.1	2.6
昆明	KUNMING	100.0	1.2	3.3	19.6	42.5	30.6	2.8
拉萨	LHASA	100.0	1.0	5.9	32.7	36.6	16.8	6.9
西安	XI'AN	100.0	1.7	3.3	22.8	43.7	22.9	5.6
兰州	LANZHOU	100.0	0.1	1.4	9.7	35.3	45.4	8.1
西宁	XINING	100.0	0.5	1.6	16.3	34.2	43.4	4.1
乌鲁木齐	URUMQI	100.0	1.1	2.7	11.5	39.0	37.9	7.7

4-4 2009年城镇居民国内旅游出游人均

PER CAPITA EXPENDITURE ON DOMESTIC TOURISM

城 市 NAME OF CITY		人均花费 PER CAPITA EXPENDITURE	家庭月总收入	
			15000元以上 OVER 15000	10000~14999元 10000-14999
合 计	**TOTAL**	**801.1**	**1 424.2**	**1 328.7**
北 京	BEIJING	980.0	1 111.9	1 421.8
天 津	TIANJIN	737.2	1 053.7	1 251.7
呼和浩特	HOHHOT	1 528.6	2 673.4	2 087.5
沈 阳	SHENYANG	665.1	1 843.7	1 686.0
大 连	DALIAN	445.6	755.6	899.2
长 春	CHANGCHUN	989.1	1 094.8	6 958.3
哈尔滨	HARBIN	1 311.1	2 487.3	2 104.7
上 海	SHANGHAI	596.6	1 069.9	803.0
南 京	NANJING	1 708.7	3 108.1	1 813.1
无 锡	WUXI	1 205.7	1 944.5	1 029.5
杭 州	HANGZHOU	1 291.6	1 989.4	1 128.4
宁 波	NINGBO	904.9	1 342.0	1 477.0
福 州	FUZHOU	1 364.4	1 582.7	2 773.8
厦 门	XIAMEN	1 185.5	1 605.4	1 414.4
南 昌	NANCHANG	1 452.5	7 114.9	1 622.8
济 南	JINAN	539.8	246.6	569.6
郑 州	ZHENGZHOU	1 050.2	0.0	789.8
武 汉	WUHAN	614.3	525.2	993.7
长 沙	CHANGSHA	881.0	1 185.3	1 277.0
广 州	GUANGZHOU	782.1	3 480.5	1 248.5
深 圳	SHENZHEN	2 079.5	2 622.2	2 678.4
海 口	HAIKOU	1 048.8	495.8	581.6
重 庆	CHONGQING	713.2	1 062.9	1 050.8
成 都	CHENGDU	735.1	1 273.3	1 356.0
昆 明	KUNMING	725.6	1 056.6	1 265.6
拉 萨	LHASA	3 959.9	3 464.2	13 136.7
西 安	XI'AN	444.5	647.6	1 125.6
兰 州	LANZHOU	672.4	6 565.1	2 544.7
西 宁	XINING	605.9	1 391.7	980.6
乌鲁木齐	URUMQI	1 469.7	1 903.6	858.2

花费情况（按城市和家庭月总收入分组）

OF URBAN RESIDENTS BY INCOME 2009

单位：元/人　UNIT：RMB ¥/PERSON

FAMILY INCOME MONTHLY			
5000～9999 元 5000－9999	**2500～4999 元** 2500－4999	**1000～2499 元** 1000－2499	**999 元以下** LESS THAN 999
850.1	**664.5**	**507.5**	**492.0**
991.4	743.0	424.2	0.0
801.3	632.9	535.1	0.0
2 193.7	1 307.8	1 043.6	487.1
634.5	465.4	370.9	302.9
502.0	384.0	243.1	141.9
1 052.2	903.0	797.7	577.3
1 786.5	1 402.5	523.5	191.7
579.4	426.9	409.8	48.9
1 465.3	1 566.1	1 373.0	0.0
1 482.4	940.9	271.4	0.0
1 371.8	1 062.3	796.5	581.0
851.9	603.9	651.1	695.8
1 227.2	1 088.2	640.5	0.0
995.3	786.6	327.0	0.0
1 530.9	1 421.7	1 166.4	180.9
636.2	668.8	417.5	288.3
795.7	1 318.4	1 154.0	0.0
743.9	508.8	394.8	110.3
917.1	840.6	593.1	192.7
823.3	500.0	740.3	0.0
2 052.3	1 871.1	1 409.5	2 099.2
1 185.3	1 189.1	998.4	0.0
805.8	623.4	394.3	452.0
772.3	607.1	681.8	50.5
819.6	656.3	543.4	971.2
4 526.6	2 544.8	1 423.2	0.0
451.9	422.3	281.0	337.3
1 311.5	629.5	466.8	556.2
847.3	642.2	325.9	118.8
982.4	1 739.0	1 354.7	5 459.9

4-5 2009 年城镇居民国内

DOMESTIC TOURSIM OF URBAN

城 市 NAME OF CITY	合计 TOTAL (%)	旅游目的(%) 观光旅游 SIGHTSEEING	休闲度假 HOLIDAYS & LEISURE
总平均 AVERAGE TOTAL	**100.0**	**28.9**	**23.4**
北京 BEIJING	100.0	38.1	28.5
天津 TIANJIN	100.0	36.7	18.9
呼和浩特 HOHHOT	100.0	27.5	9.0
沈阳 SHENYANG	100.0	24.8	23.8
大连 DALIAN	100.0	16.3	19.7
长春 CHANGCHUN	100.0	21.8	9.2
哈尔滨 HARBIN	100.0	24.6	27.3
上海 SHANGHAI	100.0	33.7	20.0
南京 NANJING	100.0	53.1	22.8
无锡 WUXI	100.0	30.5	24.5
杭州 HANGZHOU	100.0	34.0	13.3
宁波 NINGBO	100.0	27.1	17.5
福州 FUZHOU	100.0	40.8	21.2
厦门 XIAMEN	100.0	25.2	10.3
南昌 NANCHANG	100.0	41.1	26.3
济南 JINAN	100.0	51.1	7.1
郑州 ZHENGZHOU	100.0	42.3	3.3
武汉 WUHAN	100.0	19.3	22.2
长沙 CHANGSHA	100.0	19.2	20.2
广州 GUANGZHOU	100.0	35.9	30.8
深圳 SHENZHEN	100.0	23.9	17.3
海口 HAIKOU	100.0	12.9	9.6
重庆 CHONGQING	100.0	26.4	32.2
成都 CHENGDU	100.0	24.9	38.0
昆明 KUNMING	100.0	24.9	38.0
拉萨 LHASA	100.0	15.8	25.7
西安 XI'AN	100.0	26.2	27.3
兰州 LANZHOU	100.0	34.9	18.2
西宁 XINING	100.0	18.9	38.4
乌鲁木齐 URUMQI	100.0	28.6	26.9

出游情况（按城市和旅游目的分组）
RESIDENTS BY PURPOSE 2009

PURPOSE(%)			
商务出差 BUSINESS & PROFESSIONAL	探亲访友 VISITING RELATIVES & FRIENDS	健康医疗 HEALTH & MEDICAL CARE	其　他 OTHERS
3.5	**35.9**	**1.1**	**7.3**
3.5	26.4	0.8	2.7
3.3	33.6	1.5	6.0
9.0	48.0	1.0	5.5
6.1	36.9	0.4	7.9
0.6	50.0	1.7	11.6
7.0	49.6	1.8	10.6
8.6	33.7	1.1	4.8
1.3	38.8	0.1	6.1
4.4	17.8	0.3	1.6
11.3	21.2	7.3	5.3
5.4	44.7	2.2	0.4
3.9	40.7	1.9	8.9
6.2	26.7	1.0	4.1
5.3	52.9	0.9	5.4
2.5	23.5	0.7	6.0
4.0	29.1	0.4	8.3
6.6	25.3	8.8	13.7
5.5	40.8	1.5	10.6
1.5	41.7	2.2	15.1
2.1	28.4	0.3	2.5
3.5	45.8	1.0	8.5
3.3	65.4	5.9	2.9
3.0	31.7	0.6	6.0
1.7	26.5	0.3	8.5
2.2	24.7	0.6	10.0
23.8	25.7	2.0	6.9
2.7	37.6	1.0	5.3
4.3	33.7	0.8	8.1
2.5	29.2	2.8	8.1
7.7	32.4	1.1	3.3

4-6 2009年城镇居民国内旅游出游人均

PER CAPITA EXPENDITURE ON DOMESTIC TOURISM

城 市 NAME OF CITY		人均花费 PER CAPITA EXPENDITURE	旅游目的	
			观光旅游 SIGHTSEEING	休闲度假 HOLIDAYS & LEISURE
合 计	**TOTAL**	**801.1**	**1 029.2**	**682.5**
北 京	BEIJING	980.0	1 064.2	1 034.8
天 津	TIANJIN	737.2	836.0	564.0
呼和浩特	HOHHOT	1 528.6	2 404.1	2 608.3
沈 阳	SHENYANG	665.1	927.1	686.9
大 连	DALIAN	445.6	702.1	333.2
长 春	CHANGCHUN	989.1	1 296.4	693.1
哈尔滨	HARBIN	1 311.1	1 119.1	918.9
上 海	SHANGHAI	596.6	844.0	594.0
南 京	NANJING	1 708.7	1 870.0	1 254.5
无 锡	WUXI	1 205.7	1 366.9	1 081.1
杭 州	HANGZHOU	1 291.6	1 649.3	1 079.2
宁 波	NINGBO	904.9	1 217.5	587.3
福 州	FUZHOU	1 364.4	1 334.8	1 694.0
厦 门	XIAMEN	1 185.5	1 041.8	881.6
南 昌	NANCHANG	1 452.5	1 773.6	1 105.9
济 南	JINAN	539.8	455.6	1 048.6
郑 州	ZHENGZHOU	1 050.2	954.2	1 144.5
武 汉	WUHAN	614.3	1 048.4	656.2
长 沙	CHANGSHA	881.0	1 112.1	962.9
广 州	GUANGZHOU	782.1	870.5	705.1
深 圳	SHENZHEN	2 079.5	2 108.1	1 935.0
海 口	HAIKOU	1 048.8	3 084.1	1 120.1
重 庆	CHONGQING	713.2	1 219.9	532.0
成 都	CHENGDU	735.1	1 140.6	529.1
昆 明	KUNMING	725.6	1 387.5	437.2
拉 萨	LHASA	3 959.9	3 293.6	2 647.6
西 安	XI'AN	444.5	612.6	269.5
兰 州	LANZHOU	672.4	920.2	366.5
西 宁	XINING	605.9	735.6	329.3
乌鲁木齐	URUMQI	1 469.7	1 140.1	1 698.8

花费情况（按城市和旅游目的分组）

OF URBAN RESIDENTS BY CITY & PURPOSE 2009

单　位：元/人

UNIT：RMB ¥/PERSON

PURPOSE			
商务出差 BUSINESS & PROFESSIONAL	探亲访友 VISITING RELATIVES & FRIENDS	健康医疗 HEALTH & MEDICINAL CARE	其　他 OTHERS
2 355.8	**662.5**	**994.9**	**582.4**
2 199.7	852.1	648.6	328.1
1 790.1	671.9	378.1	757.6
2 507.5	785.2	6 958.3	1 420.7
1 802.5	446.8	527.3	480.5
5 701.9	350.8	940.1	583.7
3 879.1	739.8	1 332.5	419.3
4 905.8	1 026.5	6 523.9	1 312.6
2 060.7	429.0	4 266.4	309.8
6 366.7	1 378.7	41.7	2 187.0
1 354.1	1 156.1	0.0	665.2
1 391.1	1 087.0	0.0	1 163.4
1 824.6	826.0	1 042.3	820.3
1 833.8	1 147.0	601.2	627.4
3 392.2	1 246.9	540.0	684.8
1 641.0	1 374.0	1 391.7	856.7
2 103.8	475.5	312.1	542.2
2 321.3	1 017.5	0.0	0.0
2 110.1	392.7	1 135.7	403.4
1 314.9	817.0	504.8	672.0
2 025.5	698.9	627.8	972.2
2 850.2	2 090.0	1 219.7	2 140.8
876.7	718.0	0.0	615.6
1 468.2	469.6	1 249.9	355.1
1 203.5	698.1	445.3	426.3
1 962.2	673.7	597.2	264.0
7 008.9	3 599.1	1 635.2	3 385.9
1 379.0	397.0	278.9	455.4
1 782.9	584.2	990.3	325.8
3 548.5	813.9	0.0	519.7
3 796.4	1 451.3	0.0	2 166.1

4－7　2009年农村居民国内旅游基本情况(按地区分)

STATISTICS OF DOMESTIC TOURISM OF RURAL RESIDENTS BY LOCALITY 2009

地区	LOCALITY	过夜游出游率(%) OVERNIGHT TOURISM RATE (%)	一日游出游率(%) SAME-DAY TOURISM RATE (%)	过夜游人均花费(元/人) OVERNIGHT TOURISM PER CAPITA EXPENDITURE (RMB ¥)	一日游人均花费(元/人) SAME-DAY TOURISM PER CAPITA EXPENDITURE (RMB ¥)
总平均	**AVERAGE TOTAL**	**34.9**	**75.7**	**481.0**	**206.8**
北　京	BEIJING	34.2	118.4	783.7	221.1
天　津	TIANJIN	21.7	117.0	743.8	223.7
河　北	HEBEI	21.7	70.4	380.8	242.1
山　西	SHANXI	18.9	71.4	446.7	244.3
内蒙古	INNER MONGOLIA	42.4	24.7	679.5	475.1
辽　宁	LIAONING	34.5	98.1	361.2	257.6
吉　林	JILIN	33.0	103.9	313.4	129.1
黑龙江	HEILONGJIANG	46.3	77.7	365.3	231.7
上　海	SHANGHAI	16.0	58.8	1 331.4	229.9
江　苏	JIANGSU	34.5	134.0	762.2	342.1
浙　江	ZHEJIANG	28.2	61.4	832.8	254.7
安　徽	ANHUI	47.3	60.5	353.4	226.0
福　建	FUJIAN	38.3	85.9	446.2	238.0
江　西	JIANGXI	22.3	27.5	587.9	196.1
山　东	SHANDONG	28.6	111.5	600.3	221.1
河　南	HENAN	15.6	34.3	423.5	143.5
湖　北	HUBEI	36.7	66.0	481.5	228.2
湖　南	HUNAN	62.1	66.5	394.2	218.4
广　东	GUANGDONG	45.8	39.6	626.5	197.4
广　西	GUANGXI	31.0	32.9	433.0	248.3
海　南	HAINAN	45.3	55.8	305.5	121.8
重　庆	CHONGQING	64.0	120.4	363.9	138.2
四　川	SICHUAN	43.9	117.2	371.2	132.2
贵　州	GUIZHOU	43.5	77.1	391.4	183.2
云　南	YUNNAN	39.8	87.6	753.4	172.4
陕　西	SHAANXI	19.3	46.5	400.6	125.3
甘　肃	GANSU	30.1	143.4	328.1	146.2
青　海	QINGHAI	21.0	126.7	342.0	195.5
宁　夏	NINGXIA	44.1	69.4	244.6	140.7
新　疆	XINJIANG	21.3	58.3	239.6	130.4

五、地方接待入境旅游者情况

5. DISTRIBUTION OF INTERNATIONAL TOURISTS TO LOCALITY

5－1 2008～2009 年各地区接待

INTERNATIONAL TOURISTS

地 区 LOCALITY	2009 年总计 TOTAL 2007		
	人 数 (人次) ARRIVALS	人天数 (人 天) NIGHTS	平均停留 (天) AVERAGE STAY
总 计 TOTAL	**80 391 944**	**215 660 929**	**2.68**
北 京 BEIJING	4 125 145	17 302 164	4.19
天 津 TIANJIN	1 410 244	5 711 578	4.05
河 北 HEBEI	842 185	1 908 451	2.27
山 西 SHANXI	1 067 835	2 009 409	1.88
内蒙古 INNER MONGOLIA	1 289 633	3 062 105	2.37
辽 宁 LIAONING	2 931 954	9 167 719	3.13
吉 林 JILIN	680 528	1 375 127	2.02
黑龙江 HEILONGJIANG	1 425 122	3 116 089	2.19
上 海 SHANGHAI	5 333 935	19 082 319	3.58
江 苏 JIANGSU	5 568 257	23 411 512	4.20
浙 江 ZHEJIANG	5 706 385	15 513 257	2.72
安 徽 ANHUI	1 561 600	3 054 757	1.96
福 建 FUJIAN	3 120 348	13 671 732	4.38
江 西 JIANGXI	964 299	1 951 328	2.02
山 东 SHANDONG	3 100 379	8 979 878	2.90
河 南 HENAN	1 258 515	2 547 520	2.02
湖 北 HUBEI	1 334 634	2 640 362	1.98
湖 南 HUNAN	1 308 672	3 593 780	2.75
广 东 GUANGDONG	27 478 009	56 219 301	2.05
广 西 GUANGXI	2 098 516	3 507 633	1.67
海 南 HAINAN	551 483	1 573 471	2.85
重 庆 CHONGQING	1 048 125	2 973 965	2.84
四 川 SICHUAN	849 851	1 573 739	1.85
贵 州 GUIZHOU	399 484	653 029	1.63
云 南 YUNNAN	2 844 902	5 457 749	1.92
西 藏 TIBET	174 910	448 160	2.56
陕 西 SHAANXI	1 450 751	4 158 402	2.87
甘 肃 GANSU	60 711	82 280	1.36
青 海 QINGHAI	36 114	100 274	2.78
宁 夏 NINGXIA	14 523	28 453	1.96
新 疆 XINJIANG	354 895	785 386	2.21

入境旅游者情况

BY LOCALITY 2008—2009

2008 年总计 TOTAL 2008			2009 年比 2008 年增减 INCREASE		
人 数 (人次) ARRIVALS	人天数 (人天) NIGHTS	平均停留 (天) AVERAGE STAY	人 数 (%) ARRIVALS (%)	人天数 (%) NIGHTS (%)	平均停留 (天) AVERAGE STAY
75 007 496	**197 911 958**	**2.67**	**7.18**	**8.97**	**0.01**
3 790 378	17 442 332	4.18	8.83	-0.80	0.02
1 220 392	4 717 780	3.78	15.56	21.06	0.27
750 182	1 736 008	2.37	12.26	9.93	-0.10
939 260	1 724 404	1.78	13.69	16.53	0.10
1 549 328	3 254 727	2.11	-16.76	-5.92	0.26
2 418 707	7 357 397	3.01	21.22	24.61	0.12
617 302	1 163 503	1.89	10.24	18.19	0.13
2 006 116	4 286 484	2.34	-28.96	-27.30	-0.15
5 264 727	19 558 967	3.69	1.31	-2.44	-0.11
5 443 022	22 476 178	4.10	2.30	4.16	0.10
5 396 682	14 100 961	2.61	5.74	10.02	0.11
1 320 947	2 411 853	1.68	18.22	26.66	0.28
2 931 908	11 948 470	4.40	6.43	14.42	-0.02
802 052	1 697 483	2.00	20.23	14.95	0.03
2 536 651	6 808 955	2.71	22.22	31.88	0.19
1 043 580	2 308 697	2.21	20.60	10.34	-0.18
1 187 549	2 217 172	1.78	12.39	19.09	0.20
1 110 221	3 204 686	3.04	17.87	12.14	-0.30
25 679 721	50 786 560	2.12	7.00	10.70	-0.08
2 010 225	3 299 946	1.61	4.39	6.29	0.06
706 492	1 824 840	2.51	-21.94	-13.77	0.34
871 907	2 491 119	2.81	20.21	19.38	0.03
699 525	1 279 773	1.66	21.49	22.97	0.19
395 359	690 917	1.86	1.04	-5.48	-0.23
2 502 170	4 527 585	1.80	13.70	20.54	0.11
67 997	171 864	2.29	157.23	160.76	0.27
1 257 278	3 392 849	2.69	15.39	22.56	0.18
83 196	107 855	1.52	-27.03	-23.71	-0.17
29 879	77 377	2.27	20.87	29.59	0.51
11 586	21 057	1.95	25.35	35.12	0.01
363 157	824 159	2.42	-2.28	-4.70	-0.21

5-2 2009年各地区接待

BREAKDOWN OF INTERNATIONAL

地 区 LOCALITY	外国人 FOREIGNERS 人数(人次) ARRIVALS	外国人 FOREIGNERS 人天数(人天) NIGHTS	外国人 FOREIGNERS 平均停留(天) AVERAGE STAY	香港 HONG 人数(人次) ARRIVALS
总 计 TOTAL	**44 198 831**	**131 930 421**	**2.98**	**23 027 151**
北 京 BEIJING	3 429 198	14 940 197	4.36	443 564
天 津 TIANJIN	1 305 772	4 815 616	3.69	39 377
河 北 HEBEI	746 930	1 724 568	2.31	35 190
山 西 SHANXI	666 269	1 267 382	1.90	170 629
内蒙古 INNER MONGOLIA	1 266 149	2 968 505	2.34	12 470
辽 宁 LIAONING	2 507 403	7 946 832	3.17	191 224
吉 林 JILIN	582 861	1 203 868	2.07	61 486
黑龙江 HEILONGJIANG	1 350 307	2 983 691	2.21	33 639
上 海 SHANGHAI	4 390 495	15 398 040	3.51	415 478
江 苏 JIANGSU	3 960 676	16 774 997	4.24	540 442
浙 江 ZHEJIANG	3 776 024	10 622 694	2.81	742 035
安 徽 ANHUI	977 457	1 988 060	2.03	205 430
福 建 FUJIAN	978 350	5 670 508	5.80	841 895
江 西 JIANGXI	387 577	795 555	2.05	308 106
山 东 SHANDONG	2 411 857	7 152 277	2.97	324 436
河 南 HENAN	827 646	1 678 754	2.03	176 774
湖 北 HUBEI	1 017 620	2 025 972	1.99	142 175
湖 南 HUNAN	640 791	2 133 448	3.33	315 090
广 东 GUANGDONG	6 179 372	14 525 145	2.35	16 627 160
广 西 GUANGXI	1 173 816	2 057 654	1.75	370 429
海 南 HAINAN	372 112	1 232 244	3.31	121 780
重 庆 CHONGQING	847 967	2 460 734	2.90	118 512
四 川 SICHUAN	614 949	1 175 269	1.91	117 510
贵 州 GUIZHOU	162 792	278 017	1.71	78 646
云 南 YUNNAN	1 917 912	3 461 823	1.80	431 854
西 藏 TIBET	162 458	416 723	2.57	4 018
陕 西 SHAANXI	1 144 247	3 344 326	2.92	132 023
甘 肃 GANSU	45 094	63 720	1.41	5 555
青 海 QINGHAI	24 699	76 101	3.08	5 873
宁 夏 NINGXIA	11 631	22 902	1.97	1 250
新 疆 XINJIANG	318 400	724 799	2.28	13 101

入境旅游者构成

TOURISTS BY LOCALITY 2009

同胞 KONG COMPATRIOTS		澳门同胞 MACAO COMPATRIOTS			台湾同胞 TAIWAN COMPATRIOTS		
人天数 (人天) NIGHTS	平均停留 (天) AVERAGE STAY	人　数 (人次) ARRIVALS	人天数 (人天) NIGHTS	平均停留 (天) AVERAGE STAY	人　数 (人次) ARRIVALS	人天数 (人天) NIGHTS	平均停留 (天) AVERAGE STAY
50 796 884	**2.21**	**3 144 399**	**6 742 454**	**2.14**	**10 021 563**	**26 191 170**	**2.61**
1 530 293	3.45	15 268	52 158	3.42	237 115	779 516	3.29
440 568	11.19	6 255	28 015	4.48	58 840	427 379	7.26
67 955	1.93	13 901	28 357	2.04	46 164	87 571	1.90
351 581	2.12	90 480	151 357	1.67	140 457	229 089	1.63
47 814	3.83	3 977	15 262	3.84	7 037	30 524	4.34
567 409	2.97	44 025	112 225	2.55	189 302	541 253	2.86
109 304	1.78	3 715	5 689	1.53	32 466	56 266	1.73
52 978	1.57	7 702	11 507	1.49	33 474	67 913	2.03
1 427 783	3.44	17 816	65 392	3.67	510 146	2 191 104	4.30
2 195 906	4.06	70 379	199 928	2.84	996 760	4 240 681	4.25
1 870 038	2.52	164 512	334 262	2.03	1 023 814	2 686 263	2.62
375 172	1.83	47 227	93 967	1.99	331 486	596 558	1.80
3 977 601	4.72	65 848	268 291	4.07	1 234 255	3 755 332	3.04
605 245	1.96	125 009	243 900	1.95	143 607	306 628	2.14
839 149	2.59	75 734	196 656	2.60	288 352	791 796	2.75
340 456	1.93	68 386	131 481	1.92	185 709	396 829	2.14
280 323	1.97	40 441	58 575	1.45	134 398	275 492	2.05
707 329	2.24	108 074	211 848	1.96	244 717	541 155	2.21
32 162 992	1.93	1 867 767	3 873 574	2.07	2 803 710	5 657 590	2.02
566 245	1.53	82 823	131 720	1.59	471 448	752 014	1.60
233 283	1.92	5 630	11 520	2.05	51 961	96 424	1.86
302 039	2.55	2 431	6 019	2.48	79 215	205 173	2.59
202 589	1.72	19 051	28 515	1.50	98 341	167 366	1.70
140 524	1.79	29 758	43 006	1.45	128 288	191 482	1.49
964 870	2.23	107 996	302 283	2.80	387 140	728 773	1.88
10 075	2.51	2 914	7 197	2.47	5 520	14 165	2.57
372 555	2.82	52 847	122 542	2.32	121 634	318 979	2.62
6 324	1.23	1 172	1 339	1.14	8 890	10 397	1.17
12 086	2.06	733	1 581	2.16	4 809	10 506	2.18
1 841	1.47	166	212	1.28	1 476	3 498	2.37
23 057	1.76	2 362	4 076	1.73	21 032	33 454	1.59

5－3 2009年各地区接待的

FOREIGN TOURIST BY

地区 LOCALITY		合计 TOTAL	日本 JAPAN	韩国 KOREA	马来西亚 MALA-YSIA	菲律宾 PHILIP-PINES	新加坡 SINGA-PORE
总计	**TOTAL**	**44 198 831**	**7 826 577**	**6 208 776**	**1 788 763**	**524 182**	**1 684 580**
北京	BEIJING	3 429 198	462 237	351 554	93 769	26 534	109 792
天津	TIANJIN	1 305 772	493 328	243 012	60 557	37 037	82 213
河北	HEBEI	746 930	92 960	94 773	45 729	9 388	34 663
山西	SHANXI	666 269	135 638	24 130	20 587	7 201	10 940
内蒙古	INNER MONGOLIA	1 266 149	42 092	13 184	1 906	787	3 478
辽宁	LIAONING	2 507 403	869 432	852 049	27 541	21 446	40 618
吉林	JILIN	582 861	70 263	247 767	7 461	886	7 426
黑龙江	HEILONGJIANG	1 350 307	45 731	117 248	4 448	2 051	10 544
上海	SHANGHAI	4 390 495	1 071 020	451 563	133 968	137 914	159 019
江苏	JIANGSU	3 960 676	952 862	448 502	168 749	31 910	181 930
浙江	ZHEJIANG	3 776 024	655 722	623 905	197 084	46 148	128 438
安徽	ANHUI	977 457	112 856	359 631	27 549	8 879	40 336
福建	FUJIAN	978 350	168 590	48 765	80 810	33 945	107 241
江西	JIANGXI	387 577	34 096	37 849	13 865	10 206	18 748
山东	SHANDONG	2 411 857	541 095	1 151 567	31 949	28 344	66 516
河南	HENAN	827 646	90 662	134 399	57 692	13 352	22 491
湖北	HUBEI	1 017 620	145 366	32 370	33 641	12 001	35 508
湖南	HUNAN	640 791	123 563	269 762	25 782	2 854	19 030
广东	GUANGDONG	6 179 372	993 607	328 041	340 476	42 871	250 542
广西	GUANGXI	1 173 816	86 600	63 911	162 041	8 593	52 141
海南	HAINAN	372 112	32 499	24 940	31 569	2 588	43 871
重庆	CHONGQING	847 967	97 866	19 331	22 246	4 294	34 406
四川	SICHUAN	614 949	166 910	37 119	17 749	4 574	38 832
贵州	GUIZHOU	162 792	27 258	9 653	9 865	2 369	11 047
云南	YUNNAN	1 917 912	150 677	125 882	146 222	18 116	143 453
西藏	TIBET	162 458	11 918	5 833	5 630	402	5 380
陕西	SHAANXI	1 144 247	119 174	77 207	12 593	5 996	17 726
甘肃	GANSU	45 094	11 540	2 874	2 755	264	2 199
青海	QINGHAI	24 699	3 611	1 802	1 281	278	1 340
宁夏	NINGXIA	11 631	2 682	795	462	36	524
新疆	XINJIANG	318 400	14 722	9 358	2 787	2 918	4 188

外国过夜游客人数(按国籍分)

LOCALITY & NATIONALITY 2009

单　位：人次
UNIT：ARRIVALS

泰　国 THAI-LAND	美　国 U. S. A.	加拿大 CANADA	英　国 UNITED KINGDOM	法　国 FRANCE	德　国 GERMANY	俄罗斯 RUSSIA	澳大利亚 AUS-TRALIA
894 096	**4 233 039**	**960 102**	**1 416 157**	**1 306 980**	**1 662 291**	**2 663 812**	**1 032 285**
59 405	579 291	120 024	162 822	129 089	167 851	149 693	109 837
17 905	84 963	24 484	29 943	24 637	19 488	9 753	11 819
13 176	44 915	19 649	42 888	41 126	41 734	74 820	17 037
5 983	71 708	22 590	24 415	69 726	63 788	10 891	21 404
1 567	12 695	3 607	4 725	4 065	8 844	389 727	4 241
9 483	77 118	21 283	41 504	16 678	34 398	159 078	18 303
2 806	5 849	1 488	1 368	5 286	15 532	199 837	2 508
4 351	23 200	4 735	4 436	19 792	5 852	1 070 994	5 440
61 268	509 641	106 529	143 603	141 329	198 967	50 845	121 331
58 558	439 504	112 212	159 865	111 939	211 819	51 224	134 114
100 083	270 430	75 366	83 805	95 883	117 846	81 844	73 816
11 075	84 334	18 820	36 908	44 256	41 073	16 912	19 937
15 954	255 031	33 189	19 401	12 881	24 535	5 108	16 937
10 509	43 696	11 631	21 159	16 825	20 729	13 443	11 810
13 449	104 385	33 044	40 337	29 038	44 299	44 262	33 625
36 722	56 401	24 088	19 962	48 939	54 247	38 193	19 147
13 758	160 929	40 090	108 235	72 963	140 204	5 057	61 057
6 928	67 886	8 512	28 502	13 437	20 356	4 231	6 702
125 825	543 728	107 612	125 780	107 037	100 628	39 995	137 743
45 327	74 837	24 320	40 214	60 627	35 722	2 373	35 225
17 073	20 617	6 728	9 981	7 143	12 320	79 747	8 527
5 757	250 671	24 887	52 445	23 973	78 418	1 722	29 008
15 785	74 563	22 607	40 457	25 518	18 396	3 481	16 334
6 021	21 232	6 565	11 021	8 915	5 832	1 826	5 956
216 309	104 519	31 493	55 510	94 371	75 001	9 513	45 219
2 185	26 722	3 800	6 834	4 690	12 855	3 350	4 761
11 153	199 608	42 917	83 499	65 835	78 969	22 569	53 063
509	5 358	1 550	2 824	2 470	2 806	268	1 997
441	3 001	731	1 465	1 380	2 621	333	1 247
112	1 452	369	524	603	1 037	51	253
4 119	14 755	5 182	11 725	6 529	6 124	122 672	3 887

5－4　2008～2009 年主要城市接待

INTERNATIONAL TOURISTS TO

城市名称 NAME OF CITY	2009 年总计 TOTAL 2009		
	人数（人次） ARRIVALS	人天数（人天） NIGHTS	平均停留（天） AVERAGE STAY
北　京　BEIJING	4 125 145	17 302 164	4.19
天　津　TIANJIN	1 410 244	5 711 578	4.05
石家庄　SHIJIAZHUANG	107 303	216 337	2.02
秦皇岛　QINHUANGDAO	224 206	728 981	3.25
承　德　CHENGDE	205 658	367 642	1.79
太　原　TAIYUAN	225 446	629 845	2.79
大　同　DATONG	175 907	332 073	1.89
呼和浩特　HOHHOT	85 496	319 611	3.74
沈　阳　SHENYANG	495 325	1 864 565	3.76
大　连　DALIAN	1 050 043	3 565 355	3.40
长　春　CHANGCHUN	217 111	670 534	3.09
吉　林　JILIN	53 743	82 542	1.54
延　边　YANBIAN	306 693	459 189	1.50
哈尔滨　HARBIN	240 270	519 959	2.16
上　海　SHANGHAI	5 333 935	19 082 319	3.58
南　京　NANJING	1 134 515	5 166 457	4.55
无　锡　WUXI	629 500	1 993 532	3.17
苏　州　SUZHOU	1 695 126	5 412 126	3.19
南　通　NANTONG	299 866	1 715 017	5.72
连云港　LIANYUNGANG	100 076	655 618	6.55
杭　州　HANGZHOU	2 304 045	6 617 700	2.87
宁　波　NINGBO	800 548	2 402 664	3.00
温　州　WENZHOU	329 734	802 677	2.43
合　肥　HEFEI	200 346	628 899	3.14
黄　山　HUANGSHAN	877 094	1 337 633	1.53
福　州　FUZHOU	629 314	4 046 793	6.43
厦　门　XIAMEN	944 891	4 634 748	4.91
泉　州　QUANZHOU	603 587	3 228 501	5.35
漳　州　ZHANGZHOU	219 382	698 297	3.18

入境旅游者情况

MAJOR CITIES 2008—2009

2008 年总计 TOTAL 2008			2009 年比 2008 年增减 INCREASE		
人数 (人次) ARRIVALS	人天数 (人天) NIGHTS	平均停留 (天) AVERAGE STAY	人数 (%) ARRIVALS	人天数 (%) NIGHTS	平均停留 (天) AVERAGE STAY
3 790 378	17 442 332	4.18	8.83	-0.80	0.02
1 220 392	4 717 780	3.78	15.56	21.06	0.27
98 149	199 797	2.02	9.33	8.28	0.00
187 267	632 498	3.55	19.73	15.25	-0.30
200 979	360 581	1.69	2.33	1.96	0.10
189 745	512 912	2.49	18.82	22.80	0.30
160 009	300 643	1.72	9.94	10.45	0.16
80 693	290 168	3.21	5.95	10.15	0.53
476 357	1 652 475	3.24	3.98	12.83	0.53
950 045	3 114 715	3.33	10.53	14.47	0.07
217 008	595 025	2.61	0.05	12.69	0.47
49 304	75 699	1.38	9.00	9.04	0.16
273 744	385 891	1.44	12.04	18.99	0.06
297 107	774 717	2.71	-19.13	-32.88	-0.54
5 264 727	19 558 967	3.69	1.31	-2.44	-0.11
1 191 813	5 242 623	4.31	-4.81	-1.45	0.24
611 325	1 865 330	2.88	2.97	6.87	0.28
1 682 267	5 290 658	3.06	0.76	2.30	0.13
280 037	1 607 588	6.35	7.08	6.68	-0.63
90 922	611 458	7.06	10.07	7.22	-0.51
2 213 319	6 033 256	2.67	4.10	9.69	0.20
756 776	2 224 707	3.09	5.78	8.00	-0.09
318 230	732 710	2.30	3.61	9.55	0.13
147 568	445 633	3.73	35.77	41.12	-0.59
810 405	1 160 400	1.15	8.23	15.27	0.37
639 375	3 417 377	5.34	-1.57	18.42	1.09
1 045 309	3 712 054	3.86	-9.61	24.86	1.04
630 776	3 267 222	5.29	-4.31	-1.19	0.06
192 709	669 339	6.27	13.84	4.33	-3.09

5-4(续1)

城市名称 NAME OF CITY	2009 年 总 计 TOTAL 2009		
	人 数 (人次) ARRIVALS	人天数 (人 天) NIGHTS	平均停留 (天) AVERAGE STAY
南 昌 NANCHANG	104 047	195 478	1.88
九 江 JIUJIANG	220 010	558 473	2.54
济 南 JINAN	186 968	424 540	2.27
青 岛 QINGDAO	1 000 670	2 797 160	2.80
烟 台 YANTAI	400 901	1 607 495	4.01
威 海 WEIHAI	322 676	784 519	2.43
郑 州 ZHENGZHOU	321 022	848 506	2.64
洛 阳 LUOYANG	373 200	778 347	2.09
武 汉 WUHAN	668 982	1 682 012	2.51
长 沙 CHANGSHA	500 929	2 001 948	4.00
广 州 GUANGZHOU	6 894 044	15 478 361	2.25
深 圳 SHENZHEN	8 963 697	18 000 331	2.01
珠 海 ZHUHAI	2 978 429	6 205 077	2.08
汕 头 SHANTOU	123 161	294 010	2.39
湛 江 ZHANJIANG	50 665	126 617	2.50
中 山 ZHONGSHAN	475 769	1 205 701	2.53
南 宁 NANNING	122 664	201 777	1.64
桂 林 GUILIN	1 290 334	2 287 035	1.77
北 海 BEIHAI	61 437	93 569	1.52
海 口 HAIKOU	103 206	187 709	1.82
三 亚 SANYA	317 833	1 099 068	3.46
重 庆 CHONGQING	1 048 125	2 973 965	2.84
成 都 CHENGDU	588 683	1 169 589	1.99
贵 阳 GUIYANG	91 115	241 546	2.65
昆 明 KUNMING	778 274	1 181 331	1.52
拉 萨 LHASA	123 061	324 670	2.64
西 安 XI'AN	700 629	1 951 437	2.79
兰 州 LANZHOU	12 636	19 700	1.56
西 宁 XINING	28 732	61 684	2.15
银 川 YINCHUAN	10 534	21 908	2.08
乌鲁木齐 URUMQI	118 186	262 573	2.22

2008 年 总 计 TOTAL 2008			2009 年比 2008 年增减 INCREASE		
人 数 (人次) ARRIVALS	人天数 (人天) NIGHTS	平均停留 (天) AVERAGE STAY	人 数 (%) ARRIVALS (%)	人天数 (%) NIGHTS (%)	平均停留 (天) AVERAGE STAY
97 152	180 254	1.90	7.10	8.45	-0.02
182 994	446 385	2.40	20.23	25.11	0.14
170 154	355 344	2.08	9.88	19.47	0.19
800 836	2 340 867	3.06	24.95	19.49	-0.27
352 090	1 353 027	3.63	13.86	18.81	0.38
288 277	684 057	2.21	11.93	14.69	0.22
291 500	783 786	2.77	10.13	8.26	-0.13
308 000	689 819	2.43	21.17	12.83	-0.34
533 952	1 263 787	2.37	25.29	33.09	0.15
369 044	1 882 067	3.51	35.74	6.37	0.49
6 124 801	13 419 282	2.24	12.56	15.34	0.00
8 695 727	16 337 096	2.01	3.08	10.18	0.00
2 862 150	5 647 869	2.46	4.06	9.87	-0.38
139 313	415 264	2.68	-11.59	-29.20	-0.29
63 273	137 940	2.82	-19.93	-8.21	-0.32
651 753	1 420 973	2.13	-27.00	-15.15	0.40
138 462	235 078	1.64	-11.41	-14.17	0.01
1 250 154	2 122 537	1.65	3.21	7.75	0.12
55 702	84 856	1.54	10.30	10.27	-0.02
136 128	232 809	1.81	-24.18	-19.37	0.01
511 476	1 507 419	2.91	-37.86	-27.09	0.55
871 907	2 491 119	2.81	20.21	19.38	0.03
471 988	934 431	1.98	24.72	25.17	0.00
135 834	364 163	2.83	-32.92	-33.67	-0.18
700 685	1 080 850	1.54	11.07	9.30	-0.02
46 340	117 232	2.29	165.56	176.95	0.35
631 836	1 629 269	2.92	10.89	19.77	-0.13
13 280	23 799	1.82	-4.85	-17.22	-0.26
25 051	56 920	2.26	14.69	8.37	-0.12
7 937	15 703	2.10	32.72	39.51	-0.02
197 149	523 236	2.84	-40.05	-49.82	-0.61

5－5　2009年主要城市接待

BREAKDOWN OF INTERNATIONAL

城市名称 NAME OF CITY	外国人 FOREIGNERS			香港 HONG
	人数（人次）ARRIVALS	人天数（人天）NIGHTS	平均停留（天）AVERAGE STAY	人数（人次）ARRIVALS
北　京　BEIJING	3 429 198	14 940 197	4.28	443 564
天　津　TIANJIN	1 305 772	4 815 616	3.47	39 377
石家庄　SHIJIAZHUANG	93 458	188 600	2.02	7 674
秦皇岛　QINHUANGDAO	212 231	705 836	3.33	5 094
承　德　CHENGDE	176 722	315 949	1.79	6 518
太　原　TAIYUAN	158 412	410 681	2.59	38 905
大　同　DATONG	139 962	268 146	1.92	14 314
呼和浩特　HOHHOT	76 190	281 903	3.70	6 040
沈　阳　SHENYANG	415 191	1 584 617	3.82	33 401
大　连　DALIAN	947 705	3 209 687	3.39	46 287
长　春　CHANGCHUN	183 251	583 681	3.19	22 182
吉　林　JILIN	13 943	27 109	1.94	28 272
延　边　YANBIAN	293 627	436 156	1.49	4 270
哈尔滨　HARBIN	188 270	425 336	2.26	24 815
上　海　SHANGHAI	4 390 495	15 398 040	3.51	415 478
南　京　NANJING	743 999	3 387 143	4.55	155 470
无　锡　WUXI	404 720	1 436 281	3.55	86 408
苏　州　SUZHOU	1 160 336	3 701 942	3.19	135 652
南　通　NANTONG	267 716	1 520 366	5.68	12 506
连云港　LIANYUNGANG	82 712	506 020	6.12	5 496
杭　州　HANGZHOU	1 572 838	4 381 824	2.79	278 358
宁　波　NINGBO	464 598	1 526 803	3.29	135 665
温　州　WENZHOU	254 612	644 368	2.53	30 588
合　肥　HEFEI	165 261	538 769	3.26	16 363
黄　山　HUANGSHAN	510 986	720 428	1.41	117 193
福　州　FUZHOU	357 898	2 945 726	8.23	80 822
厦　门　XIAMEN	430 759	2 037 116	4.73	119 283
泉　州　QUANZHOU	61 387	116 421	1.90	453 024
漳　州　ZHANGZHOU	42 718	124 789	2.92	88 978

入境旅游者构成

TOURISTS TO MAJOR CITIES 2009

同胞 KONG COMPATRIOTS		澳门同胞 MACAO COMPATRIOTS			台湾同胞 TAIWAN COMPATRIOTS		
人天数 (人天) NIGHTS	平均停留 (天) AVERAGE STAY	人数 (人次) ARRIVALS	人天数 (人天) NIGHTS	平均停留 (天) AVERAGE STAY	人数 (人次) ARRIVALS	人天数 (人天) NIGHTS	平均停留 (天) AVERAGE STAY
1 530 293	3.59	15 268	52 158	3.40	237 115	779 516	3.21
440 568	8.15	6 255	28 015	5.73	58 840	427 379	6.95
15 400	2.01	837	1 697	2.03	5 334	10 640	1.99
9 695	1.90	559	1 225	2.19	6 322	12 225	1.93
11 711	1.80	1 512	2 707	1.79	20 906	37 275	1.78
147 839	3.80	5 057	14 160	2.80	23 072	57 165	2.48
30 426	2.13	7 691	16 215	2.11	13 940	17 286	1.24
23 556	3.90	547	2 188	4.00	2 719	11 964	4.40
148 274	4.44	1 581	5 059	3.20	45 152	126 615	2.80
160 706	3.47	1 374	4 997	3.64	54 677	189 965	3.47
54 723	2.47	1 144	3 076	2.69	10 534	29 054	2.76
37 666	1.33	1 461	1 755	1.20	10 067	16 012	1.59
7 206	1.69	628	1 142	1.82	8 168	14 685	1.80
38 640	1.56	1 250	1 582	1.27	25 935	54 401	2.10
1 427 783	3.44	17 816	65 392	3.67	510 146	2 191 104	4.30
636 680	4.10	10 664	27 852	2.61	224 382	1 114 782	4.97
196 192	2.27	8 140	16 561	2.03	130 232	344 498	2.65
464 874	3.43	11 543	24 676	2.14	387 595	1 220 634	3.15
71 506	5.72	1 443	6 995	4.85	18 201	116 150	6.38
50 562	9.20	2 459	4 960	2.02	9 409	94 076	10.00
898 027	3.23	17 106	31 468	1.84	435 743	1 306 381	3.00
323 684	2.39	41 927	108 525	2.59	158 358	443 652	2.80
65 168	2.13	10 164	15 706	1.55	34 370	77 435	2.25
42 340	2.59	1 510	3 377	2.24	17 212	44 413	2.58
197 636	1.69	10 504	17 118	1.63	238 411	402 451	1.69
614 389	7.60	4 273	23 819	5.57	186 321	462 859	2.48
541 310	4.54	4 463	19 336	4.33	390 386	2 036 986	5.22
2 576 194	5.69	27 233	152 062	5.58	61 943	383 824	6.20
40 749	0.46	7 790	3 311	0.43	79 896	529 448	6.63

5 - 5(续 1)

城市名称 NAME OF CITY	外国人 FOREIGNERS 人 数（人次）ARRIVALS	人天数（人天）NIGHTS	平均停留（天）AVERAGE STAY	香港 HONG 人 数（人次）ARRIVALS
南 昌 NANCHANG	82 644	124 355	1.50	10 097
九 江 JIUJIANG	129 921	237 630	1.83	38 261
济 南 JINAN	116 144	236 604	2.04	45 590
青 岛 QINGDAO	801 424	2 109 689	2.63	105 950
烟 台 YANTAI	333 474	1 167 814	3.50	18 129
威 海 WEIHAI	308 641	651 093	2.11	2 194
郑 州 ZHENGZHOU	180 970	459 167	2.54	56 820
洛 阳 LUOYANG	321 921	586 479	1.82	14 157
武 汉 WUHAN	526 327	1 061 399	2.02	77 833
长 沙 CHANGSHA	324 919	1 456 237	4.48	79 201
广 州 GUANGZHOU	2 311 843	5 140 392	2.22	3 789 672
深 圳 SHENZHEN	1 463 808	3 290 345	2.25	7 019 490
珠 海 ZHUHAI	478 622	1 143 906	2.39	1 019 773
汕 头 SHANTOU	68 875	277 119	4.02	44 301
湛 江 ZHANJIANG	20 259	76 411	3.77	20 017
中 山 ZHONGSHAN	109 589	409 263	3.73	244 867
南 宁 NANNING	93 661	178 190	1.90	9 980
桂 林 GUILIN	751 126	1 462 351	1.95	164 980
北 海 BEIHAI	31 501	44 147	1.40	18 249
海 口 HAIKOU	61 805	147 479	2.39	22 727
三 亚 SANYA	232 873	1 300 090	5.58	66 928
重 庆 CHONGQING	847 967	2 139 292	2.52	118 512
成 都 CHENGDU	439 993	718 640	1.63	78 337
贵 阳 GUIYANG	38 272	138 314	3.61	25 455
昆 明 KUNMING	561 620	795 592	1.42	74 498
拉 萨 LHASA	114 390	108 684	0.95	2 818
西 安 XI'AN	616 090	1 387 236	2.25	45 081
兰 州 LANZHOU	9 790	19 130	1.95	1 358
西 宁 XINING	19 580	44 450	2.27	5 024
银 川 YINCHUAN	8 333	13 223	1.59	894
乌鲁木齐 URUMQI	106 286	505 408	4.76	4 557

同胞 KONG COMPATRIOTS		澳门同胞 MACAO COMPATRIOTS			台湾同胞 TAIWAN COMPATRIOTS		
人天数 （人天） NIGHTS	平均停留 （天） AVERAGE STAY	人　数 （人次） ARRIVALS	人天数 （人天） NIGHTS	平均停留 （天） AVERAGE STAY	人　数 （人次） ARRIVALS	人天数 （人天） NIGHTS	平均停留 （天） AVERAGE STAY
21 226	2.10	932	1 798	1.93	10 374	21 535	2.08
102 520	2.68	13 104	36 543	2.79	38 724	102 219	2.64
102 077	2.24	796	1 671	2.10	24 438	53 857	2.20
253 790	2.40	19 763	48 428	2.45	73 533	171 051	2.33
50 767	2.80	9 827	24 909	2.53	39 471	153 604	3.89
4 698	2.14	550	1 176	2.14	11 291	30 866	2.73
122 154	2.15	17 945	37 016	2.06	65 287	153 750	2.35
25 636	1.81	1 221	1 846	1.51	35 901	92 924	2.59
187 278	2.41	1 930	2 183	1.13	62 892	155 329	2.47
332 644	4.20	28 440	91 008	3.20	68 369	246 128	3.60
8 014 439	2.11	349 286	809 119	2.32	443 243	1 029 812	2.32
13 611 128	1.94	42 027	74 919	1.78	438 372	1 046 175	2.39
1 833 037	1.80	680 354	1 488 647	2.19	799 680	1 731 905	2.17
86 830	1.96	608	912	1.50	9 377	27 193	2.90
45 426	2.27	1 664	2 725	1.64	8 725	16 415	1.88
539 687	2.20	74 771	144 308	1.93	46 542	157 871	3.39
18 142	1.82	415	868	2.09	18 608	26 814	1.44
270 457	1.64	39 867	66 942	1.68	334 361	529 264	1.58
26 574	1.46	2 781	4 063	1.46	8 906	13 602	1.53
35 551	1.56	461	783	1.70	18 213	32 708	1.80
146 207	2.18	1 515	3 965	2.62	16 517	37 069	2.24
302 039	2.55	2 431	6 019	2.48	79 215	205 173	2.59
145 073	1.85	10 255	16 105	1.57	60 098	111 505	1.86
68 281	2.68	2 338	3 359	1.44	25 050	66 152	2.64
113 344	1.52	2 436	3 564	1.46	139 720	185 667	1.33
7 050	2.50	2 025	5 001	2.47	3 828	9 800	2.56
123 485	2.74	2 494	5 783	2.32	36 964	108 646	2.94
2 099	1.55	48	60	1.25	1 440	2 305	1.60
10 883	2.17	385	1 054	2.74	3 743	8 488	2.27
1 245	1.39	134	170	1.27	1 173	2 907	2.48
8 159	1.79	820	1 545	1.88	6 523	8 927	1.37

5-6 2009年主要城市接待的
FOREIGN TOURIST BY MAJOR

城市名称 NAME OF CITY		合计 TOTAL	#日本 JAPAN	#韩国 KOREA	#马来西亚 MALA-YSIA	#菲律宾 PHILIP-PINES	#新加坡 SINGA-PORE
北京	BEIJING	3 429 198	462 237	351 554	93 769	26 534	109 792
天津	TIANJIN	1 305 772	493 328	243 012	60 557	37 037	82 213
石家庄	SHIJIAZHUANG	93 458	12 962	10 345	2 377	501	2 191
秦皇岛	QINHUANGDAO	212 231	26 443	34 023	5 050	3 638	4 805
承德	CHENGDE	176 722	16 914	15 500	19 480	1 147	16 526
太原	TAIYUAN	158 412	36 090	7 041	1 745	2 348	2 414
大同	DATONG	139 962	18 220	8 580	8 348	1 040	1 772
呼和浩特	HOHHOT	85 496	10 618	4 941	1 231	385	2 214
沈阳	SHENYANG	415 191	96 976	266 349	2 347	360	3922
大连	DALIAN	947 705	515 581	172 787	12 280	8226	18256
长春	CHANGCHUN	183 251	46 788	79 688	3 317	197	4 832
吉林	JILIN	13 943	3 024	2 601	1 582	136	1 215
延边	YANBIAN	293 627	17 156	124 364	51	191	1 191
哈尔滨	HARBIN	188 270	34 885	11 774	4 176	1 887	9 661
上海	SHANGHAI	4 390 495	1 071 020	451 563	133 968	137 914	159 019
南京	NANJING	743 999	107 073	72 002	71 367	3 859	46 119
无锡	WUXI	404 720	148 997	28 056	31 027	2 554	21 768
苏州	SUZHOU	1 160 336	331 317	187 529	41 786	8 401	42 632
南通	NANTONG	267 716	153 595	18 941	3 004	4 957	7 812
连云港	LIANYUNGANG	82 712	8 394	21 657	1 143	1 080	2 744
杭州	HANGZHOU	1 572 838	293 732	418 922	80 939	11 631	48 472
宁波	NINGBO	464 598	87 695	50 542	11 354	8 945	15 360
温州	WENZHOU	254 612	17 885	12 742	3 398	1 348	3 635
合肥	HEFEI	165 261	39 178	14 384	2 929	5 043	4 409
黄山	HUANGSHAN	510 986	41 547	274 071	14 450	1 373	16 138
福州	FUZHOU	357 898	35 036	10 016	9 313	6 509	17 669
厦门	XIAMEN	430 759	109 511	32 950	40 775	18 155	53 761
泉州	QUANZHOU	61 387	6 152	3 009	7 296	2 410	4 712
漳州	ZHANGZHOU	42 718	5 005	359	2 984	5 278	8 803

外国过夜游客人数(按国籍分)

CITIES & NATIONALITY 2009

单　位：人次
UNIT：PERSON

#泰　国 THAI-LAND	#美　国 U. S. A.	#加拿大 CANADA	#英　国 UNITED KINGDOM	#法　国 FRANCE	#德　国 GERMANY	#俄罗斯 RUSSIA	#澳大利亚 AUS-TRALIA
59 405	579 291	120 024	162 822	129 089	167 851	149 693	109 837
17 905	84 963	24 484	29 943	24 637	19 488	9 753	11 819
518	8 304	2 398	3 328	4 165	5 624	13 705	2 706
4 258	12 107	4 316	8 776	5 677	13 154	46 511	4 863
3 168	10 012	3 450	18 282	20 328	14 006	2 919	570
2 077	14 578	3 840	5 814	15 664	11 840	2 158	8 460
2 772	14 480	1 870	7 818	15 300	13 970	2 270	8 401
641	7 720	2 719	3 180	2 701	6 523	787	3 180
509	7690	2513	2735	1701	5613	5570	2125
2806	37745	10049	12253	6500	18316	57062	9134
2 194	2 666	890	790	3 802	15 006	5 900	1 254
486	1 904	402	458	201	416	729	129
32	773	26	18	1 276	24	136 988	554
3 938	18 186	3 651	2 925	18 928	5 212	47 786	4 394
61 268	509 641	106 529	143 603	141 329	198 967	50 845	121 331
8 007	98 369	21 557	34 745	29 527	64 176	3 642	28 534
14 898	37 935	13 064	7 453	5 251	18 944	1 950	8 926
15 631	145 871	27 082	34 378	29 752	55 686	5 917	22 933
2 126	14 010	3 311	8 528	3 737	6 623	2 128	2 891
745	3 919	1 703	2 818	2 371	3 111	7 996	1 720
58 284	126 360	26 807	32 789	34 561	49 787	13 722	28 340
6 949	49 515	12 810	16 854	15 960	16 789	12 889	15 215
2 906	13 303	4 281	5 799	15 517	14 705	7 908	4 028
736	18 982	3 063	6 425	3 643	11 700	1 231	5 516
2 367	45 672	8 126	11 917	27 124	11 075	4 218	7 231
1 264	201 249	18 610	6 789	1 444	7 965	652	4 367
9 955	40 484	9 624	64 375	10 161	9 600	2 679	10 492
687	3 416	812	1 388	1 047	1 435	597	938
3 083	5 306	2 161	285	146	101	40	152

5-6(续1)

城市名称 NAME OF CITY	合计 TOTAL	#日本 JAPAN	#韩国 KOREA	#马来西亚 MALA-YSIA	#菲律宾 PHILIP-PINES	#新加坡 SINGA-PORE
南昌 NANCHANG	82 644	4 819	4 920	2 426	1 911	2 630
九江 JIUJIANG	129 921	14 631	17 262	4 548	4 374	8 475
济南 JINAN	116 144	24 776	26 505	5 064	1 172	7 519
青岛 QINGDAO	801 424	261 402	361 823	7 907	7 801	17 423
烟台 YANTAI	333 474	54 343	186 677	3 096	5 036	6 532
威海 WEIHAI	308 641	28 775	255 042	309	618	851
郑州 ZHENGZHOU	180 970	31 828	20 041	16 186	7 122	4 438
洛阳 LUOYANG	321 921	23 330	18 383	26 182	521	5 627
武汉 WUHAN	526 327	102 456	14 237	14 235	4 190	14 286
长沙 CHANGSHA	324 919	84 626	157 688	6 786	962	7 257
广州 GUANGZHOU	2 311 844	185 176	60 482	87 703	13 746	48 824
深圳 SHENZHEN	1 463 809	345 864	108 389	84 052	15 455	83 411
珠海 ZHUHAI	478 622	58 041	5 739	36 328	1 107	32 730
汕头 SHANTOU	68 875	4 711	1 227	5 631	257	7 289
湛江 ZHANJIANG	21 520	2 000	1 560	1 290	980	2 150
中山 ZHONGSHAN	109 601	15 553	4 682	7 944	2 110	4 694
南宁 NANNING	93 661	2 570	849	6 692	579	6 686
桂林 GUILIN	751 126	74 249	59 280	106 193	5 133	36 923
北海 BEIHAI	31 501	513	308	452	207	280
海口 HAIKOU	61 805	3 253	2 296	12 435	329	12 221
三亚 SANYA	232 873	25 891	20 883	4 767	2 095	6 468
重庆 CHONGQING	847 967	97 866	19 331	22 246	4 294	34 406
成都 CHENGDU	439 993	105 557	16 680	11 800	3 642	24 225
贵阳 GUIYANG	38 272	3 873	1 805	1 511	47	1 828
昆明 KUNMING	561 667	45 988	54 244	67 657	2 877	65 010
拉萨 LHASA	114 390	8 430	4 126	3 987	310	3 788
西安 XI'AN	616 090	62 192	32 576	7 534	1 708	7 570
兰州 LANZHOU	9 790	1 463	503	826	85	513
西宁 XINING	19 580	2 592	1 410	1 028	217	995
银川 YINCHUAN	8 333	2 308	407	359	10	389
乌鲁木齐 URUMQI	124 307	4 082	733	556	240	582

#泰　国 THAI-LAND	#美　国 U. S. A.	#加拿大 CANADA	#英　国 UNITED KINGDOM	#法　国 FRANCE	#德　国 GERMANY	#俄罗斯 RUSSIA	#澳大利亚 AUS-TRALIA
1 989	22 493	2 505	3 129	2 541	2 684	2 452	2 200
4 228	9 503	1 210	8 341	6 463	11 274	5 515	5 382
2 166	11 967	4 074	3 106	3 016	4 101	3 828	4 549
3 684	28 832	7 797	9 122	7 033	14 773	9 307	6 661
1 353	9 998	4 263	6 794	4 669	7 012	3 737	3 963
140	3 026	356	1 350	329	802	13 099	430
2 615	20 572	14 523	3 180	4 329	4 411	11 219	4 340
20 291	19 263	3 164	7 505	38 492	36 497	21 200	6 507
5 709	64 997	16 950	32 848	33 672	87 469	1 579	32 493
599	29 316	4 528	11 975	2 452	2 530	1 472	3 947
40 093	105 647	25 353	28 265	36 305	31 315	14 396	39 826
45 988	197 168	34 547	45 590	39 099	34 714	13 585	40 949
10 757	23 166	6 006	5 838	2 375	6 846	1 222	4 222
11 581	4 255	1 575	1 514	1 435	853	944	1 040
1 260	3 200	960	1 650	623	253	650	1 860
949	16 612	3 232	3 471	2 337	3 211	1 465	3 876
2 812	4 218	1 571	1 634	1 262	1 153	136	1 658
39 947	62 078	18 496	32 187	49 948	30 434	692	28 869
197	1 057	448	473	271	414	274	410
1 392	3 034	1 088	718	797	1 008	1 146	1 440
1 696	12 986	4 462	8 002	6 048	10 868	77 841	5 959
5 757	250 671	24 887	52 445	23 973	78 418	1 722	29 008
9 223	65 568	15 979	32 935	19 744	14 314	2 721	14 298
365	2 469	1 866	1 622	2 719	1 878	459	1 528
64 101	41 856	13 469	14 855	22 769	15 128	1 922	17 869
1 543	18 816	2 685	4 810	3 300	9 058	2 362	3 357
5 349	103 299	22 901	45 568	39 350	38 371	4 698	26 349
175	1 489	449	463	513	542	31	304
371	2 355	502	1 073	1 208	2 392	273	1 084
108	1 050	296	342	534	847	19	197
723	6 535	1 821	3 939	3 015	2 947	63 450	1 366

六、星级饭店基本情况

6. STATISTICS OF STAR-RATED HOTELS

6－1 2009 年全国星级饭店

BREAKDOWN OF STAR-RATED HOTELS BY ECONOMIC

饭店类型、规模和星级	ECONOMIC TYPE, CAPACITY & STAR-RATED	饭店数（家） NUMBER OF HOTELS	房间数（间） NUMBER OF ROOMS	床位数（张） NUMBER OF BEDS
一、饭店经济类型	ECONOMIC TYPE			
合计	**TOTAL**	**14 237**	**1 673 475**	**3 064 684**
国有企业	STATE－OWNED	5 318	635 729	1 209 420
集体企业	COLLECTIVE	850	80 943	157 167
股份合作企业	SHARE HOLDING CO-OPERATIVE	357	39 461	72 717
联营企业	ALLIANCE	66	10 571	18 265
有限责任公司	LIMITED LIABILITY	3 135	403 600	695 984
股份有限公司	LIMITED LIABILITY SHARE	725	98 063	191 284
私营经济	PRIVATE	2 922	245 096	452 703
其他企业	OTHER	290	30 338	59 726
港澳台投资经济	H.K. MACAU TAIWAN INVESTED	345	78 718	126 840
外商投资经济	FOREIGN－INVESTED	229	50 956	80 578
二、饭店规模	CAPACITY			
合计	**TOTAL**	**14 237**	**1 673 475**	**3 064 684**
客房数 500 间以上	ROOMS OVER 500	145	105 548	168 855
客房数 300～499 间	ROOMS BETWEEN 300－499	612	224 799	378 471
客房数 200～299 间	ROOMS BETWEEN 200－299	1 216	291 675	515 274
客房数 100～199 间	ROOMS BETWEEN 100－199	4 348	595 636	1 106 437
客房数 99 间以下	ROOMS UNDER 99	7 916	455 817	895 647
三、饭店星级	STAR-RATED HOTEL			
合计	**TOTAL**	**14 237**	**1 673 475**	**3 064 684**
五星级	5-STAR	506	181 072	301 205
四星级	4-STAR	1 984	397 049	686 743
三星级	3-STAR	5 917	689 262	1 275 714
二星级	2-STAR	5 375	384 038	755 144
一星级	1-STAR	455	22 054	45 878

基本情况(按经济类型、规模和星级分)

TYPE, CAPACITY, STAR-RATED & FINANCE 2009

客房出租率(%) ROOM OCCUPANCY (%)	营业收入(万元) TOTAL REVENUE (10000 RMB ¥)	营业税金(万元) TAX (10000 RMB ¥)	固定资产(万元) FIXED ASSETS (10000 RMB ¥)
57.88	**18 181 805**	**1 221 554**	**44 429 775**
59.13	6 493 499	400 506	16 902 006
57.01	725 476	45 707	1 663 475
61.18	385 140	23 599	849 071
55.25	104 741	10 075	297 677
58.40	4 610 168	346 606	9 934 064
60.46	1 131 456	83 298	2 749 953
59.26	2 076 669	139 320	3 457 315
56.67	286 328	17 416	836 927
47.40	1 317 287	90 085	4 531 939
58.61	1 051 042	64 940	3 207 347
57.88	**18 181 805**	**1 221 554**	**44 429 775**
47.42	1 796 685	149 675	5 013 137
56.60	3 608 388	234 627	10 957 144
59.53	3 719 080	243 320	10 706 243
59.70	5 519 354	366 533	11 528 588
58.85	3 538 300	227 398	6 224 664
57.88	**18 181 805**	**1 221 554**	**44 429 775**
51.06	4 317 440	312 693	13 921 411
59.68	5 826 744	382 380	14 224 715
59.40	5 857 286	392 355	12 348 971
58.23	2 101 372	127 815	3 788 196
51.23	78 963	6 310	146 482

6－2 2009年全国星级饭店

BREAKDOWN OF STAR-RATED HOTELS, ROOMS,

地 区 LOCALITY	饭店数 （家） NUMBER OF HOTELS	房间数 （间） NUMBER OF ROOMS	床位数 （张） NUMBER OF BEDS
总 计 TOTAL	**14 237**	**1 673 475**	**3 064 684**
北 京 BEIJING	750	136 294	234 593
天 津 TIANJIN	111	17 682	29 507
河 北 HEBEI	474	61 200	115 587
山 西 SHANXI	352	34 287	65 177
内蒙古 INNER MONGOLIA	262	23 067	44 746
辽 宁 LIAONING	530	59 798	107 895
吉 林 JILIN	226	19 802	39 559
黑龙江 HEILONGJIANG	295	27 255	53 811
上 海 SHANGHAI	298	61 259	96 937
江 苏 JIANGSU	916	108 152	184 883
浙 江 ZHEJIANG	1 088	135 902	244 176
安 徽 ANHUI	451	47 387	89 915
福 建 FUJIAN	422	51 511	90 463
江 西 JIANGXI	380	39 770	72 219
山 东 SHANDONG	907	113 342	210 306
河 南 HENAN	522	65 610	148 893
湖 北 HUBEI	605	55 580	102 943
湖 南 HUNAN	561	62 827	111 914
广 东 GUANGDONG	1 047	138 290	232 051
广 西 GUANGXI	437	53 792	101 512
海 南 HAINAN	238	37 504	73 088
重 庆 CHONGQING	273	31 300	54 497
四 川 SICHUAN	534	46 563	87 740
贵 州 GUIZHOU	320	26 885	48 259
云 南 YUNNAN	826	69 550	137 826
西 藏 TIBET	149	12 649	24 989
陕 西 SHAANXI	338	42 404	81 293
甘 肃 GANSU	312	30 296	59 086
青 海 QINGHAI	123	11 008	20 805
宁 夏 NINGXIA	57	6 166	10 815
新 疆 XINJIANG	433	46 343	89 199

基本情况(按地区分)

OCCUPANCIES & FINANCE BY LOCALITY 2009

客房出租率(%) ROOM OCCUPANCY (%)	营业收入 (万元) TOTAL REVENUE (10000 RMB ¥)	营业税金 (万元) TAX (10000 RMB ¥)	固定资产 (万元) FIXED ASSETS (10000 RMB ¥)
57.88	**18 181 805.40**	**1 221 553.62**	**44 429 775.35**
49.50	2 083 800.49	114 754.30	6 436 779.00
46.37	248 142.02	20 089.63	380 346.94
56.34	487 558.79	42 785.29	1 286 261.15
62.40	355 521.81	29 496.34	625 825.22
55.11	224 455.40	9 580.50	536 638.27
61.68	670 951.96	57 893.25	2 130 541.88
57.48	248 988.44	12 095.04	611 076.31
58.73	151 040.89	7 229.43	726 930.17
50.24	1 315 245.05	69 707.97	3 432 414.16
55.75	1 442 022.44	78 920.12	2 760 497.20
59.67	1 894 870.34	101 904.77	3 362 429.98
60.84	384 190.13	22 787.54	786 030.72
67.68	506 197.20	38 864.73	1 318 664.86
67.44	263 479.66	17 123.35	680 985.21
56.40	1 629 444.36	84 309.94	2 977 558.76
63.12	500 321.54	29 056.94	945 495.72
58.96	504 972.21	25 543.98	1 196 946.46
77.68	494 118.22	23 243.67	1 037 835.80
55.18	1 437 909.72	242 315.46	4 023 000.91
60.15	387 513.45	21 201.50	949 831.08
60.59	383 017.86	19 028.17	1 531 489.50
59.34	349 967.37	14 218.85	728 438.63
59.49	583 027.05	43 827.35	1 519 395.11
58.35	195 116.56	7 684.41	336 921.33
56.39	452 362.21	26 987.34	1 101 587.66
25.10	45 738.00	2 703.00	313 847.00
69.56	318 253.59	16 040.86	906 913.54
51.81	145 551.82	9 730.85	513 676.99
44.85	73 115.89	4 863.75	127 616.48
59.99	83 006.73	5 014.58	208 432.38
61.09	321 904.20	22 550.71	935 366.93

6－3　2009年全国各地区星级

NUMBER OF STAR-RATED HOTELS BY

地　区 LOCALITY		总　计 TOTAL	国有企业 STATE-OWNED	集体企业 COLLEC-TIVE	股份合作企业 SHARE HOLDING CO-OPERATIVE	联营企业 ALLIA-NCE
总　计	**TOTAL**	**14 237**	**5 318**	**850**	**357**	**66**
北　京	BEIJING	750	242	46	22	3
天　津	TIANJIN	111	38	7	0	0
河　北	HEBEI	474	269	36	9	3
山　西	SHANXI	352	180	19	5	1
内蒙古	INNER MONGOLIA	262	128	10	4	0
辽　宁	LIAONING	530	204	71	8	2
吉　林	JILIN	226	135	5	6	0
黑龙江	HEILONGJIANG	295	141	11	4	0
上　海	SHANGHAI	298	144	14	2	2
江　苏	JIANGSU	916	188	45	18	2
浙　江	ZHEJIANG	1 088	255	60	42	4
安　徽	ANHUI	451	204	26	11	0
福　建	FUJIAN	422	173	24	8	6
江　西	JIANGXI	380	149	4	24	2
山　东	SHANDONG	907	337	64	23	6
河　南	HENAN	522	326	45	11	1
湖　北	HUBEI	605	248	34	18	1
湖　南	HUNAN	561	268	26	28	3
广　东	GUANGDONG	1 047	228	80	16	17
广　西	GUANGXI	437	130	19	8	2
海　南	HAINAN	238	53	10	9	4
重　庆	CHONGQING	273	98	21	6	0
四　川	SICHUAN	534	140	25	22	2
贵　州	GUIZHOU	320	124	8	6	0
云　南	YUNNAN	826	227	53	14	2
西　藏	TIBET	149	48	27	5	2
陕　西	SHAANXI	338	197	21	12	0
甘　肃	GANSU	312	183	14	2	0
青　海	QINGHAI	123	37	9	4	0
宁　夏	NINGXIA	57	26	2	3	0
新　疆	XINJIANG	433	198	14	7	1

饭店数（按经济类型分）

ECONOMIC TYPE 2009

单 位：家

UNIT：NUMBER

有限责任公司 LIMITED LIABILITY	股份有限公司 LIMITED LIABILITY SHARES	私营企业 PRIVATE-OWNED	其他内资企业 OTHER DOMESTIC FUNDED	港澳台投资企业 H. K. ,MACAO, TAIWAN INVESTED	外商投资企业 FOREIGN INVESTED
3 135	**725**	**2 922**	**290**	**345**	**229**
241	15	125	0	36	20
33	4	13	3	7	6
40	35	73	3	5	1
54	27	47	15	2	2
49	8	61	0	1	1
93	26	74	9	19	24
37	12	21	2	2	6
56	10	30	38	3	2
59	18	28	4	16	11
366	62	194	9	9	23
332	73	245	57	20	0
82	24	90	1	10	3
68	10	95	3	19	16
52	16	108	5	12	8
242	51	129	20	17	18
69	25	37	1	6	1
125	25	133	3	12	6
44	25	143	9	13	2
312	49	206	21	82	36
123	16	104	11	15	9
89	20	33	3	8	9
30	16	92	1	2	7
171	45	117	6	6	0
38	20	114	5	5	0
112	43	340	14	8	13
0	4	28	32	1	2
51	16	37	2	1	1
42	9	58	2	2	0
25	4	41	2	1	0
13	2	11	0	0	0
37	15	95	9	5	2

6-4 2009年全国各地区星级饭店数（按规模分）

NUMBER OF STAR-RATED HOTELS BY CAPACITY 2009

单　位：家
UNIT：NUMBER

地　区 LOCALITY		总　计 TOTAL	客房数 500以上 ROOMS OVER 500	客房数 300～499 ROOMS BETWEEN 300－499	客房数 200～299 ROOMS BETWEEN 200－299	客房数 100～199 ROOMS BETWEEN 100－199	客房数 99以下 ROOMS UNDER 99
总　计	**TOTAL**	**14 237**	**145**	**612**	**1 216**	**4 348**	**7 916**
北　京	BEIJING	750	37	82	103	227	301
天　津	TIANJIN	111	2	7	22	45	35
河　北	HEBEI	474	1	21	57	186	209
山　西	SHANXI	352	0	6	17	118	211
内蒙古	INNER MONGOLIA	262	2	5	11	51	193
辽　宁	LIAONING	530	4	20	38	190	278
吉　林	JILIN	226	0	4	13	41	168
黑龙江	HEILONGJIANG	295	0	5	19	80	191
上　海	SHANGHAI	298	20	48	44	100	86
江　苏	JIANGSU	916	5	45	84	277	505
浙　江	ZHEJIANG	1 088	5	47	126	388	522
安　徽	ANHUI	451	3	4	28	140	276
福　建	FUJIAN	422	1	28	31	149	213
江　西	JIANGXI	380	0	7	28	124	221
山　东	SHANDONG	907	7	33	119	337	411
河　南	HENAN	522	4	17	40	191	270
湖　北	HUBEI	605	1	15	24	151	414
湖　南	HUNAN	561	5	18	47	155	336
广　东	GUANGDONG	1 047	22	75	108	300	542
广　西	GUANGXI	437	2	16	43	161	215
海　南	HAINAN	238	6	25	30	86	91
重　庆	CHONGQING	273	2	12	18	84	157
四　川	SICHUAN	534	2	15	31	129	357
贵　州	GUIZHOU	320	1	3	16	67	233
云　南	YUNNAN	826	6	10	32	165	613
西　藏	TIBET	149	0	4	1	30	114
陕　西	SHAANXI	338	4	17	30	120	167
甘　肃	GANSU	312	0	6	18	79	209
青　海	QINGHAI	123	0	3	3	34	83
宁　夏	NINGXIA	57	0	1	3	21	32
新　疆	XINJIANG	433	3	13	32	122	263

6－5　2009年全国各地区星级饭店数（按星级分）

NUMBER OF STAR-RATED HOTELS 2009

单　位：家
UNIT：NUMBER

地　区 LOCALITY		星级饭店合　计 TOTAL	五星级 5－STAR	四星级 4－STAR	三星级 3－STAR	二星级 2－STAR	一星级 1－STAR
总　计	**TOTAL**	**14 237**	**506**	**1 984**	**5 917**	**5 375**	**455**
北　京	BEIJING	750	54	127	266	277	26
天　津	TIANJIN	111	10	31	45	18	7
河　北	HEBEI	474	10	90	222	144	8
山　西	SHANXI	352	9	54	125	163	1
内蒙古	INNER MONGOLIA	262	7	14	76	144	21
辽　宁	LIAONING	530	16	72	259	159	24
吉　林	JILIN	226	7	36	85	93	5
黑龙江	HEILONGJIANG	295	5	39	113	125	13
上　海	SHANGHAI	298	38	58	122	76	4
江　苏	JIANGSU	916	54	180	422	258	2
浙　江	ZHEJIANG	1 088	38	150	391	461	48
安　徽	ANHUI	451	5	61	156	212	17
福　建	FUJIAN	422	19	76	195	126	6
江　西	JIANGXI	380	6	53	185	135	1
山　东	SHANDONG	907	20	139	436	308	4
河　南	HENAN	522	10	68	234	203	7
湖　北	HUBEI	605	13	59	233	281	19
湖　南	HUNAN	561	17	50	220	255	19
广　东	GUANGDONG	1 047	66	167	519	277	18
广　西	GUANGXI	437	14	47	215	154	7
海　南	HAINAN	238	20	54	112	42	10
重　庆	CHONGQING	273	11	53	124	84	1
四　川	SICHUAN	534	16	66	199	234	19
贵　州	GUIZHOU	320	2	28	119	152	19
云　南	YUNNAN	826	15	59	198	466	88
西　藏	TIBET	149	0	10	62	64	13
陕　西	SHAANXI	338	6	33	183	111	5
甘　肃	GANSU	312	4	36	110	148	14
青　海	QINGHAI	123	2	17	43	51	10
宁　夏	NINGXIA	57	0	8	38	11	0
新　疆	XINJIANG	433	12	49	210	143	19

6-6 2009年主要城市星级饭店基本经济指标

MAJOR STATISTICS OF HOTELS IN EACH CITY 2009

单　位：万元

UNIT：TEN THOUS. RMB ¥

城市名称 NAME OF CITY		营业收入 TOTAL REVENUE	#客房收入 ROOM	#餐饮收入 FOOD & BEVERAGE
北　京	BEIJING	2 083 800	873 828	775 124
天　津	TIANJIN	248 142	100 894	86 667
石家庄	SHIJIAZHUANG	126 619	53 222	60 985
秦皇岛	QINHUANGDAO	53 604	28 982	20 982
承　德	CHENGDE	44 510	29 007	14 688
太　原	TAIYUAN	107 225	50 737	42 425
大　同	DATONG	107 225	50 737	42 425
呼和浩特	HOHHOT	63 276	24 032	34 626
沈　阳	SHENYANG	201 857	85 439	90 658
大　连	DALIAN	249 553	121 171	103 784
长　春	CHANGCHUN	152 937	62 973	72 706
吉　林	JILIN	30 089	14 849	14 354
延　边	YANBIAN	17 372	8 164	6 827
哈尔滨	HARBIN	97 936	58 643	31 024
上　海	SHANGHAI	1 315 245	596 458	509 023
南　京	NANJING	337 260	128 115	149 044
无　锡	WUXI	197 473	63 415	117 358
苏　州	SUZHOU	327 325	123 390	168 364
南　通	NANTONG	89 980	31 731	53 997
连云港	LIANYUNGANG	38 654	15 960	18 685
杭　州	HANGZHOU	687 327	316 676	276 188
宁　波	NINGBO	355 375	127 861	178 658
温　州	WENZHOU	162 285	67 937	77 080
合　肥	HEFEI	95 277	39 364	46 672
黄　山	HUANGSHAN	60 288	31 799	22 522
福　州	FUZHOU	133 306	67 070	48 984
厦　门	XIAMEN	159 901	93 747	47 839
泉　州	QUANZHOU	108 244	46 523	44 873
漳　州	ZHANGZHOU	9 606	3 894	5 084

6－6(续1)

城市名称 NAME OF CITY		营业收入 TOTAL REVENUE	#客房收入 ROOM	#餐饮收入 FOOD & BEVERAGE
南　昌	NANCHANG	64 394	35 830	22 249
九　江	JIUJIANG	42 773	24 994	17 779
济　南	JINAN	198 634	91 027	84 797
青　岛	QINGDAO	423 755	177 354	192 446
烟　台	YANTAI	227 901	105 849	102 125
威　海	WEIHAI	97 661	32 689	52 297
郑　州	ZHENGZHOU	167 858	72 813	65 780
洛　阳	LUOYANG	57 322	25 456	23 839
武　汉	WUHAN	188 960	84 714	62 917
长　沙	CHANGSHA	196 044	100 227	64 477
广　州	GUANGZHOU	547 957	339 369	115 495
深　圳	SHENZHEN	313 935	206 736	64 893
汕　头	SHANTOU	59 150	43 045	11 849
湛　江	ZHANJIANG	46 262	33 282	9 278
中　山	ZHONGSHAN	52 258	27 306	11 772
南　宁	NANNING	133 710	59 735	58 681
桂　林	GUILIN	82 243	45 151	29 512
北　海	BEIHAI	27 542	14 328	10 859
海　口	HAIKOU	86 000	43 915	29 939
三　亚	SANYA	249 570	173 756	62 748
重　庆	CHONGQING	349 967	144 379	170 308
成　都	CHENGDU	255 234	137 487	90 083
贵　阳	GUIYANG	82 482	45 728	30 842
昆　明	KUNMING	156 889	86 049	54 336
拉　萨	LHASA	23 676	14 970	7 146
西　安	XI'AN	135 220	63 904	56 915
兰　州	LANZHOU	50 021	25 862	15 306
西　宁	XINING	50 690	26 116	20 395
银　川	YINCHUAN	61 519	24 958	30 680
乌鲁木齐	URUMQI	177 664	84 588	59 918

6－7　2009年全国星级

MAJOR STATISTICS IN

地方/项目 LOCALITY/ITEM	全员劳动生产率（万元/人） OLP(10000 RMB￥/PER)	人均占用固定资产原价（万元/人） AF(10000 RMB￥/PER)	百元固定资产创营业收入（元） REVEN/100F. A (RMB￥)	平均客房出租率（%） AOR (%)
总　计　TOTAL	**10.87**	**26.56**	**40.92**	**57.88**
北　京　BEIJING	15.61	48.22	32.37	49.50
天　津　TIANJIN	13.28	20.35	65.24	46.37
河　北　HEBEI	5.66	14.94	37.91	56.34
山　西　SHANXI	9.37	16.50	56.81	62.40
内蒙古　INNER MONGOLIA	9.69	23.17	41.83	55.11
辽　宁　LIAONING	10.20	32.38	31.49	61.68
吉　林　JILIN	12.08	29.64	40.75	57.48
黑龙江　HEILONGJIANG	6.31	30.37	20.78	58.73
上　海　SHANGHAI	17.81	46.49	38.32	50.24
江　苏　JIANGSU	13.12	25.12	52.24	55.75
浙　江　ZHEJIANG	13.09	23.23	56.35	59.67
安　徽　ANHUI	9.14	18.70	48.88	60.84
福　建　FUJIAN	9.70	25.26	38.39	67.68
江　西　JIANGXI	9.41	24.31	38.69	67.44
山　东　SHANDONG	13.09	23.92	54.72	56.40
河　南　HENAN	14.41	27.24	52.92	63.12
湖　北　HUBEI	9.40	22.29	42.19	58.96
湖　南　HUNAN	8.70	18.27	47.61	77.68
广　东　GUANGDONG	8.08	22.60	35.74	55.18
广　西　GUANGXI	8.04	19.72	40.80	60.15
海　南　HAINAN	13.06	52.22	25.01	60.59
重　庆　CHONGQING	9.03	18.80	48.04	59.34
四　川　SICHUAN	10.16	26.48	38.37	59.49
贵　州　GUIZHOU	9.02	15.57	57.91	58.35
云　南　YUNNAN	11.06	26.94	41.06	56.39
西　藏　TIBET	4.59	31.49	14.57	25.10
陕　西　SHAANXI	7.70	21.93	35.09	69.56
甘　肃　GANSU	5.87	20.72	28.34	51.81
青　海　QINGHAI	15.49	27.03	57.29	44.85
宁　夏　NINGXIA	8.11	20.36	39.82	59.99
新　疆　XINJIANG	8.66	25.17	34.41	61.09

饭店主要经济指标

STAR-RATED HOTELS 2009

营业收入总额（万元）TOTAL REVENUE（10000RMB ¥）	营业收入构成(%) BREAKDOWN OF TOTAL REVENUE		
	客 房 ROOM	餐 饮 FOOD & BEVERAGE	其 他 OTHERS
18 181 805.40	**45.93**	**40.79**	**13.28**
2 083 800.49	41.93	37.20	20.87
248 142.02	40.66	34.93	24.41
487 558.79	48.61	41.29	10.10
355 521.81	43.34	44.65	12.01
224 455.40	42.90	50.70	6.41
670 951.96	44.05	44.57	11.37
248 988.44	43.52	47.43	9.05
151 040.89	61.20	31.20	7.60
1 315 245.05	45.35	38.70	15.95
1 442 022.44	35.46	52.12	12.42
1 894 870.34	38.54	48.17	13.29
384 190.13	39.53	46.73	13.74
506 197.20	52.27	35.79	11.94
263 479.66	53.27	41.34	5.39
1 629 444.36	42.71	47.16	10.13
500 321.54	40.31	47.29	12.40
504 972.21	44.65	38.52	16.83
494 118.22	56.30	32.48	11.22
1 437 909.72	63.32	21.02	15.66
387 513.45	45.73	43.28	10.99
383 017.86	64.04	28.62	7.34
349 967.37	41.25	48.66	10.08
583 027.05	50.05	39.18	10.77
195 116.56	53.90	35.55	10.56
452 362.21	55.64	33.81	10.54
45 738.00	60.72	30.72	8.56
318 253.59	43.45	48.26	8.29
145 551.82	48.26	40.70	11.04
73 115.89	51.74	40.60	7.66
83 006.73	39.04	51.95	9.01
321 904.20	50.74	34.96	14.29

6-8　2009年全国国有星级

MAJOR STATISTICS IN

地方/项目 LOCALITY/ITEM	全员劳动生产率（万元/人） OLP(10000 RMB ¥/PER)	人均占用固定资产原价（万元/人） AF(10000 RMB ¥/PER)	百元固定资产创营业收入（元） REVEN/100F. A (RMB ¥)	平均客房出租率（%） AOR (%)
总　计　TOTAL	**10.57**	**27.52**	**38.42**	**59.13**
北　京　BEIJING	13.61	44.07	30.89	48.61
天　津　TIANJIN	10.71	22.35	47.93	46.96
河　北　HEBEI	6.09	14.53	41.90	54.39
山　西　SHANXI	9.42	16.39	57.48	61.64
内蒙古　INNER MONGOLIA	9.44	25.21	37.44	52.01
辽　宁　LIAONING	9.41	27.28	34.49	60.39
吉　林　JILIN	11.39	28.37	40.14	55.14
黑龙江　HEILONGJIANG	6.09	21.93	27.76	60.31
上　海　SHANGHAI	16.16	56.75	28.47	50.11
江　苏　JIANGSU	13.52	28.89	46.79	55.05
浙　江　ZHEJIANG	14.68	25.48	57.60	62.99
安　徽　ANHUI	7.86	19.19	40.99	55.64
福　建　FUJIAN	9.69	27.55	35.16	68.36
江　西　JIANGXI	9.43	30.28	31.13	67.88
山　东　SHANDONG	11.48	24.90	46.10	66.19
河　南　HENAN	15.03	36.53	41.14	63.60
湖　北　HUBEI	9.34	21.97	42.49	57.14
湖　南　HUNAN	9.66	18.47	52.29	77.14
广　东　GUANGDONG	9.91	26.73	37.07	55.75
广　西　GUANGXI	8.09	22.64	35.74	57.83
海　南　HAINAN	16.82	55.97	30.04	57.63
重　庆　CHONGQING	8.13	16.95	48.00	57.24
四　川　SICHUAN	11.25	32.61	34.50	61.48
贵　州　GUIZHOU	7.45	14.79	50.39	57.59
云　南　YUNNAN	11.25	30.04	37.47	57.39
西　藏　TIBET	5.82	36.51	15.95	29.75
陕　西　SHAANXI	8.60	24.83	34.63	66.75
甘　肃　GANSU	5.91	19.85	29.75	52.70
青　海　QINGHAI	11.19	41.95	26.67	46.13
宁　夏　NINGXIA	7.92	23.42	33.83	61.03
新　疆　XINJIANG	7.89	22.34	35.30	64.70

注：＊本表是全国5318家国有星级饭店汇总资料。

NOTES：＊THE TABLE INCLUDE ALL THE 5318 STATE－OWNED HOTELS.

OLP：OVERALL LABOUR PRODUCTIVITY

饭店主要经济指标*

STATE-OWNED STAR-RATED HOTELS 2009

营业收入总额（万元）TOTAL REVENUE（10000RMB ¥）	营业收入构成（%）BREAKDOWN OF TOTAL REVENUE		
	客 房 ROOM	餐 饮 FOOD & BEVERAGE	其 他 OTHERS
6 493 498.50	**45.66**	**40.68**	**13.65**
527 490.59	40.94	39.65	19.41
64 328.04	35.48	37.40	27.11
250 874.78	51.71	39.92	8.37
179 760.07	41.54	47.18	11.28
92 420.88	44.29	47.83	7.89
261 428.68	42.56	45.12	12.31
147 570.58	41.83	49.23	8.94
48 566.41	67.79	26.65	5.56
555 545.57	40.03	39.69	20.28
310 797.26	34.55	47.74	17.71
567 806.48	41.11	44.53	14.36
152 073.99	41.23	47.97	10.79
167 122.39	56.99	32.31	10.69
109 964.71	51.71	40.87	7.42
615 479.20	40.41	47.74	11.85
343 299.77	40.40	45.52	14.08
201 135.65	46.23	36.40	17.37
233 240.96	57.52	31.23	11.25
383 085.55	64.61	20.86	14.53
112 648.27	40.82	45.66	13.52
86 049.11	65.46	29.52	5.03
128 236.48	41.80	48.58	9.63
205 820.07	50.33	36.83	12.84
69 208.53	56.11	36.43	7.46
148 834.73	53.94	33.71	12.34
26 287.00	56.60	32.26	11.14
200 072.04	44.48	46.32	9.20
96 860.22	48.10	40.33	11.57
18 223.22	60.87	29.85	9.28
45 805.56	39.79	49.90	10.31
143 461.71	53.37	32.97	13.66

AF：AVERAGE FIXED ASSETS

10CF. A：100 RMB¥ FIXED ASSETS

七、旅行社基本情况

7. STATISTICS OF TRAVEL AGENCIES

7-1 2008~2009年全国旅行社单位数
NUMBER OF TRAVEL AGENCIES 2008—2009

单 位：家
UNIT：NUMBER

地 区 LOCALITY		旅行社总数 TOTAL TRAVEL AGENCIES 2009年 2009	旅行社总数 TOTAL TRAVEL AGENCIES 2008年 2008
总 计	**TOTAL**	**20 399**	**20 110**
北 京	BEIJING	805	830
天 津	TIANJIN	267	267
河 北	HEBEI	1 060	1 039
山 西	SHANXI	681	653
内蒙古	INNER MONGOLIA	614	603
辽 宁	LIAONING	1 001	1 082
吉 林	JILIN	473	451
黑龙江	HEILONGJIANG	490	487
上 海	SHANGHAI	851	843
江 苏	JIANGSU	1 646	1 595
浙 江	ZHEJIANG	1 447	1 370
安 徽	ANHUI	795	744
福 建	FUJIAN	626	596
江 西	JIANGXI	647	674
山 东	SHANDONG	1 752	1 765
河 南	HENAN	1 017	1 004
湖 北	HUBEI	816	786
湖 南	HUNAN	610	602
广 东	GUANGDONG	1 047	1 030
广 西	GUANGXI	385	378
海 南	HAINAN	208	163
重 庆	CHONGQING	346	301
四 川	SICHUAN	631	620
贵 州	GUIZHOU	215	202
云 南	YUNNAN	450	449
西 藏	TIBET	39	47
陕 西	SHAANXI	531	518
甘 肃	GANSU	335	328
青 海	QINGHAI	173	184
宁 夏	NINGXIA	85	85
新 疆	XINJIANG	356	414

7-2 2009年旅行社外联、接待入境旅游者情况

INTERNATIONAL TOURISTS LIAISED AND RECEIVED BY TRAVEL AGENCIES 2009

单　位：人、人天
UNIT：PERSON、NIGHT

地区 LOCALITY		外联 LIAISED		接待 RECEIVED	
		人数 PERSONS	人天数 NIGHTS	人数 PERSONS	人天数 NIGHTS
总计	**TOTAL**	**17 810 040**	**73 098 935**	**18 733 765**	**63 045 901**
北京	BEIJING	2 124 210	10 753 561	1 939 582	8 354 441
天津	TIANJIN	190 620	700 875	119 135	459 917
河北	HEBEI	147 139	729 969	109 119	545 629
山西	SHANXI	39 137	214 952	53 974	203 598
内蒙古	INNER MONGOLIA	244 556	703 830	207 718	602 003
辽宁	LIAONING	2 022 393	10 948 102	1 745 009	9 573 113
吉林	JILIN	129 158	373 956	377 030	939 254
黑龙江	HEILONGJIANG	426 283	2 065 106	389 121	1 748 277
上海	SHANGHAI	788 911	3 053 933	989 708	3 033 197
江苏	JIANGSU	505 452	2 386 600	1 377 029	2 673 841
浙江	ZHEJIANG	1 362 855	6 326 604	1 171 477	2 898 770
安徽	ANHUI	132 569	689 992	193 666	547 448
福建	FUJIAN	404 904	2 142 139	408 584	1 014 639
江西	JIANGXI	74 508	291 512	71 926	442 778
山东	SHANDONG	1 111 316	5 169 840	1 281 974	4 634 247
河南	HENAN	182 127	855 920	251 270	568 503
湖北	HUBEI	120 711	865 005	435 838	920 675
湖南	HUNAN	286 702	1 415 233	562 701	2 272 508
广东	GUANGDONG	5 589 847	12 514 857	3 794 831	8 420 142
广西	GUANGXI	292 726	1 113 032	418 840	1 297 386
海南	HAINAN	124 420	663 643	192 067	1 006 002
重庆	CHONGQING	445 686	2 561 751	643 612	1 881 468
四川	SICHUAN	554 442	3 435 691	704 289	5 037 588
贵州	GUIZHOU	43 635	240 275	38 734	223 470
云南	YUNNAN	195 597	998 773	653 726	1 919 246
西藏	TIBET	13 243	85 662	47 587	239 450
陕西	SHAANXI	216 932	1 575 038	489 663	1 338 238
甘肃	GANSU	17 802	91 453	21 822	75 389
青海	QINGHAI	5 270	28 181	8 210	29 827
宁夏	NINGXIA	4 702	26 493	8 564	26 809
新疆	XINJIANG	12 187	76 957	26 959	118 048

7－3 2009年旅行社组团、接待国内旅游者情况
DOMESTIC TOURISTS ORGANIZED AND RECEIVED BY TRAVEL AGENCIES 2009

单 位：人、人天
UNIT：PERSON、NIGHT

地 区	LOCALITY	组 团 ORGANIZED		接 待 RECEIVED	
		人 数 PERSONS	人天数 NIGHTS	人 数 PERSONS	人天数 NIGHTS
总 计	**TOTAL**	**101 234 679**	**300 189 696**	**136 960 467**	**263 393 433**
北 京	BEIJING	3 695 195	15 114 255	4 704 392	13 981 029
天 津	TIANJIN	1 436 943	3 704 469	728 083	1 166 219
河 北	HEBEI	2 643 924	6 023 973	1 822 960	3 110 520
山 西	SHANXI	1 098 722	3 215 614	1 754 837	4 811 583
内蒙古	INNER MONGOLIA	389 512	2 417 322	608 151	2 013 062
辽 宁	LIAONING	4 194 234	18 089 400	5 315 355	18 325 704
吉 林	JILIN	735 919	1 740 511	809 430	1 584 838
黑龙江	HEILONGJIANG	435 413	1 760 090	1 037 361	1 965 865
上 海	SHANGHAI	10 113 361	26 745 401	7 676 540	14 350 438
江 苏	JIANGSU	10 267 617	23 103 946	13 295 609	19 100 090
浙 江	ZHEJIANG	11 676 260	36 027 144	12 625 220	23 176 743
安 徽	ANHUI	2 739 064	8 274 041	4 020 724	8 392 550
福 建	FUJIAN	2 485 225	7 289 674	4 665 149	14 185 126
江 西	JIANGXI	1 669 415	4 481 575	2 411 531	5 718 620
山 东	SHANDONG	7 707 695	24 380 420	6 989 558	16 034 960
河 南	HENAN	5 676 150	7 342 967	3 019 832	4 044 256
湖 北	HUBEI	2 804 740	9 687 708	2 758 756	3 647 108
湖 南	HUNAN	3 013 545	12 716 937	4 958 213	14 444 812
广 东	GUANGDONG	17 655 664	41 013 203	16 125 525	27 075 677
广 西	GUANGXI	1 303 100	4 957 641	3 267 892	7 617 848
海 南	HAINAN	811 393	3 218 450	2 470 530	9 232 955
重 庆	CHONGQING	2 142 730	7 179 726	2 904 434	5 187 863
四 川	SICHUAN	2 693 833	11 249 079	21 749 025	14 882 660
贵 州	GUIZHOU	541 956	2 142 266	652 678	1 769 457
云 南	YUNNAN	1 542 303	8 061 852	7 518 172	19 244 338
西 藏	TIBET	41 348	130 676	107 970	338 296
陕 西	SHAANXI	1 019 717	4 804 513	1 564 804	4 970 704
甘 肃	GANSU	326 545	1 456 149	397 192	826 356
青 海	QINGHAI	88 127	651 392	509 085	517 724
宁 夏	NINGXIA	156 242	982 078	294 745	894 287
新 疆	XINJIANG	128 787	2 227 224	196 714	781 745

7-4 2009年旅行社主要经济指标
MAJOR STATISTICS OF TRAVEL AGENCIES BY LOCALITY 2009

单 位：万元
UNIT：TEN THOUS. RMB ¥

地 区 LOCALITY		营业收入 TOTAL REVENUE	上缴税金 TAX	资产总额 FIXED ASSETS
总 计	**TOTAL**	**18 065 301**	**126 861**	**5 859 590**
北 京	BEIJING	2 753 606	21 964	1 167 938
天 津	TIANJIN	176 256	1 009	78 070
河 北	HEBEI	197 446	948	73 871
山 西	SHANXI	157 796	537	70 884
内蒙古	INNER MONGOLIA	102 582	1 021	53 349
辽 宁	LIAONING	509 665	2 985	117 455
吉 林	JILIN	87 396	699	58 259
黑龙江	HEILONGJIANG	164 722	1 674	57 522
上 海	SHANGHAI	2 606 481	12 504	791 317
江 苏	JIANGSU	1 417 024	11 709	378 193
浙 江	ZHEJIANG	1 456 099	10 213	336 039
安 徽	ANHUI	326 987	2 454	90 887
福 建	FUJIAN	640 820	3 548	178 380
江 西	JIANGXI	201 497	1 088	57 896
山 东	SHANDONG	819 204	5 504	278 267
河 南	HENAN	221 809	1 425	87 679
湖 北	HUBEI	354 268	2 172	148 880
湖 南	HUNAN	548 352	2 413	75 163
广 东	GUANGDONG	2 644 427	30 415	903 073
广 西	GUANGXI	316 094	1 228	80 601
海 南	HAINAN	261 400	1 098	75 883
重 庆	CHONGQING	438 086	1 882	119 689
四 川	SICHUAN	413 353	1 618	136 673
贵 州	GUIZHOU	98 909	277	31 050
云 南	YUNNAN	671 772	4 447	200 377
西 藏	TIBET	23 842	173	34 562
陕 西	SHAANXI	259 685	676	66 880
甘 肃	GANSU	72 031	352	46 166
青 海	QINGHAI	26 625	121	16 657
宁 夏	NINGXIA	35 715	284	8 643
新 疆	XINJIANG	61 351	423	39 290

八、旅游企事业单位基本情况

8. STATISTICS OF TOURISM ENTERPRISES

8－1 2009年旅游业从业人数

BREAKDOWN EMPLOYEES OF TOURISM INDUSTRY 2009

单 位：人
UNIT：PERSON

地 方 LOCALITY	合 计 TOTAL	星级饭店 STAR-RAED HOTEL	旅行社 TRAVEL AGENCY	其 他 OTHERS
总 计 TOTAL	**2 749 151**	**1 672 602**	**308 978**	**767 571**
北 京 BEIJING	183 918	133 500	22 517	27 901
天 津 TIANJIN	25 726	18 688	4 093	2 945
河 北 HEBEI	138 715	86 099	9 193	43 423
山 西 SHANXI	108 719	37 935	8 438	62 346
内蒙古 INNER MONGOLIA	35 592	23 157	4 678	7 757
辽 宁 LIAONING	197 573	65 798	9 599	122 176
吉 林 JILIN	30 481	20 618	4 859	5 004
黑龙江 HEILONGJIANG	32 949	23 936	4 909	4 104
上 海 SHANGHAI	128 546	73 831	20 370	34 345
江 苏 JIANGSU	160 903	109 895	18 859	32 149
浙 江 ZHEJIANG	212 380	144 755	22 989	44 636
安 徽 ANHUI	51 898	42 036	9 862	－
福 建 FUJIAN	65 196	52 203	11 123	1 870
江 西 JIANGXI	70 865	28 008	8 284	34 573
山 东 SHANDONG	144 672	124 500	20 172	－
河 南 HENAN	57 595	34 714	11 222	11 659
湖 北 HUBEI	88 875	53 704	11 879	23 292
湖 南 HUNAN	110 117	56 796	11 811	41 510
广 东 GUANGDONG	327 136	178 019	32 121	116 996
广 西 GUANGXI	77 429	48 176	8 055	21 198
海 南 HAINAN	45 656	29 328	5 969	10 359
重 庆 CHONGQING	53 767	38 756	6 122	8 889
四 川 SICHUAN	97 154	57 383	10 459	29 312
贵 州 GUIZHOU	30 690	21 642	2 979	6 069
云 南 YUNNAN	82 498	40 888	11 245	30 365
西 藏 TIBET	10 986	9 968	847	171
陕 西 SHAANXI	53 195	41 358	7 287	4 550
甘 肃 GANSU	53 679	24 789	3 496	25 394
青 海 QINGHAI	6 881	4 721	1 254	906
宁 夏 NINGXIA	13 817	10 235	1 004	2 578
新 疆 XINJIANG	51 543	37 166	3 283	11 094

资料来源：国家旅游局，国家统计局

SOURCE：NATIONAL TOURISM ADMINISTRATION OF CHINA，STATE STATISTICAL BUREAU

8－2　2009年全国旅游院校基本情况

MAJOR STATISTICS OF TOURISM SCHOOLS & COLLEGES 2009

地　区 LOCALITY	旅游院校数(所) NUMBER OF TOURISM SCHOOLS AND COLLEGES			旅游院校学生数(人) NUMBER OF STUDENTS AT TOURISM SCHOOLS AND COLLEGES		
	总　计 TOTAL	*高等院校 INSTITUTES OF HIGHER EDUCATION	**中等职业学校 SECONDARY VOCATIONAL SCHOOLS	总　计 TOTAL	*高等院校 INSTITUTES OF HIGHER EDUCATION	**中等职业学校 SECONDARY VOCATIONAL SCHOOLS
总　计　TOTAL	**1 733**	**852**	**881**	**952 438**	**498 379**	**454 059**
北　京　BEIJING	60	28	32	21 015	3 917	17 098
天　津　TIANJIN	22	16	6	11 192	7 485	3 707
河　北　HEIBEI	55	35	20	17 380	13 538	3 842
山　西　SHANXI	48	30	18	20 457	13 001	7 456
内蒙古　INNER MONGOLIA	19	6	13	11 836	4 928	6 908
辽　宁　LIAONING	63	25	38	44 364	30 018	14 346
吉　林　JILIN	21	14	7	7 952	6 643	1 309
黑龙江　HEILONGJIANG	58	31	27	15 282	8 481	6 801
上　海　SHANGHAI	39	23	16	20 739	8 210	12 529
江　苏　JIANGSU	115	85	30	51 749	41 672	10 077
浙　江　ZHEJIANG	106	32	74	63 702	28 640	35 062
安　徽　ANHUI	56	30	26	54 912	31 801	23 111
福　建　FUJIAN	46	32	14	16 573	12 446	4 127
江　西　JIANGXI	53	25	28	26 312	17 596	8 716
山　东　SHANDONG	95	64	31	57 787	39 468	18 319
河　南　HENAN	74	51	23	44 958	33 179	11 779
湖　北　HUBEI	71	55	16	40 208	22 687	17 521
湖　南　HUNAN	83	41	42	47 971	26 459	21 512
广　东　GUANGDONG	92	34	58	66 292	26 233	40 059
广　西　GUANGXI	42	24	18	32 228	22 532	9 696
海　南　HAINAN	21	12	9	20 919	16 590	4 329
四　川　SICHUAN	90	26	64	44 504	11 669	32 835
重　庆　CHONGQING	290	61	229	153 059	28 013	125 046
贵　州　GUIZHOU	25	13	12	4 641	3 102	1 539
云　南　YUNNAN	12	10	2	18 375	11 386	6 989
西　藏　TIBET	4	4	0	1 800	1 800	0
陕　西　SHAANXI	24	11	13	12 610	7 422	5 188
甘　肃　GANSU	20	14	6	18 589	15 338	3 251
青　海　QINGHAI	6	4	2	1 576	1 576	0
宁　夏　NINGXIA	7	3	4	1 405	916	489
新　疆　XINJIANG	16	13	3	2 051	1 633	418

注：*　高等院校指旅游高等院校及开设旅游系(专业)的普通高等院校和成人高等院校。

**　中等职业学校指旅游中等专业学校、旅游职业高中及开设旅游专业的其他中等专业学校、职业高中和技校。

NOTES：*　TOURISM INSTITUTES：TOURISM COLLEGES AND ORDINARY INSTITUTES OF HIGHER EDUCATION WITH TOURISM DEPARTMENTS.

**　SECONDARY VOCATIONAL SCHOOLS：SECONDARY TOURISM PROFESSIONAL SCHOOLS，VOCATIONAL TOURISM HIGH SCHOOLS，TOURISM CLASSES AT OTHER SECONDARY PROFESSIONAL SCHOOL，VOCATIONAL HIGH SCHOOL AND TECHNIC SCHOOL.

附　　录

APPENDIX

旅游统计基本概念和主要指标解释

1. 游客： 指任何为休闲、娱乐、观光、度假、探亲访友、就医疗养、购物、参加会议或从事经济、文化、体育、宗教活动，离开常住国（或常住地）到其他国家（或地方），其连续停留时间不超过12个月，并且在其他国家（或其他地方）的主要目的不是通过所从事的活动获取报酬的人。

游客不包括因工作或学习在两地有规律往返的人。

游客按出游地分为国际游客（即入境游客）和国内游客。按出游时间分为旅游者（过夜游客）和一日游游客（不过夜游客）。

2. 常住国： 指一个人在近一年的大部分时间所居住的国家（或地区）或在这个国家（或地区）只居住了较短的时间，但在12个月内仍将返回的这个国家（或地区）。

3. 常住地： 指一个常住国的居民，在近一年的大部分时间所居住的城镇或在这个城镇只居住了较短的时期，但在12个月内仍将返回的这个城镇。判定一个游客是国际游客还是国内游客不是根据这个游客的国籍而是根据他的常住国或常住地而定。

4. 入境旅游人数： 指报告期内来我国观光、度假、探亲访友、就医疗养、购物、参加会议或从事经济、文化、体育、宗教活动的外国人、港澳台同胞等入境游客。统计时，外国人、港澳台同胞每入境一次统计1人次，即入境旅游人数。

入境旅游人数包括入境（过夜）旅游者和入境一日游游客。

5. 入境（过夜）旅游者： 指入境游客中，在我国旅游住宿设施内至少停留一夜的外国人、华侨、港澳台同胞。

入境（过夜）旅游者不包括下列人员：① 应邀来华访问的政府部长以上官员及其随行人员；② 外国驻华使领馆官员、外交人员以及随行的家庭服务人员和受赡养者；③ 常驻我国一年以上的外国专家、留学生、记者、商务机构人员等；④ 乘坐国际航班过境不需要通过护照检查进入我国口岸的中转旅客；⑤ 边境地区往来的边民；⑥ 回内地（大陆）定居的港澳台同胞；⑦ 已在我国定居的外国人和原已出境又返回在我国定居的外国侨民；⑧ 归国的我国出国人员。

6. 入境一日游游客： 指入境游客中，未在我国旅游住宿设施内过夜的外国人、华侨、港澳台同胞。入境一日游游客应包括乘坐游船、游艇、火车、汽车来华旅游，在车（船）上过夜的游客和机、车、船上乘务人员，但不包括在境外（内）居住而在境内(外)工作,当天往返的港澳同胞和周边国家的边民。

7. 国内游客: 指报告期内在国内观光游览、度假、探亲访友、就医疗养、购物、参加会议或从事经济、文化、体育、宗教活动的本国居民,其出游的目的不是通过所从事的活动谋取报酬。统计时,国内游客按每出游一次统计 1 人次。国内游客包括国内(过夜)旅游者和国内一日游游客。

8. 国内(过夜)旅游者: 指国内居民离开惯常居住地在境内其他地方的旅游住宿设施内至少停留一夜,最长不超过 12 个月的国内游客。国内旅游者应包括在我国境内常住一年以上的外国人、港澳台同胞。但不包括到各地巡视工作的部级以上领导、驻外地办事机构的临时工作人员、调遣的武装人员、到外地学习的学生、到基层锻炼的干部、到境内其他地区定居的人员和无固定居住地的无业游民。

9. 国内一日游游客: 指国内居民离开惯常居住地 10 公里以上,出游时间超过 6 小时,不足 24 小时,并未在境内其他地方的旅游住宿设施过夜的国内游客。

10. 国籍: 是指给游客颁发护照(或其他身份文件)的政府所在的国家。

11. 外国人: 指属外国国籍的人,加入外国国籍的中国血统华人也计入外国人。

12. 港澳台同胞: 指居住在我国香港特别行政区、澳门特别行政区和台湾省的中国同胞。

13. 职业: 旅游者在本次旅游前所从事的职业。

14. 出境游客(出境旅游人数): 指我国(大陆)公民因公或因私出境前往其他国家或地区观光、度假、探亲访友、就医疗养、购物、参加会议或从事经济、文化、体育、宗教活动的人数(即出境游客)。统计时,出境游客按每出境一次统计 1 人次。出境游客包括出境(过夜)旅游者和出境一日游游客。

15. 出境(过夜)旅游者: 指我国大陆居民出境旅游,并在境外其他国家或地区的旅游住宿设施至少停留一夜的游客。

16. 出境一日游游客: 指我国大陆居民出境旅游,在境外停留时间不超过 24 小时,并未在境外其他国家或地区的旅游住宿设施内过夜的游客。

17. 旅游收入: 游客(入境游客和国内游客)在旅游过程中(由游客或游客的代表为游客)支付的一切旅游支出就是国家(省、区、市)的旅游收入。游客的旅游支出应包括(过夜)旅游者和一日游游客在整个游程中行、游、住、食、购、娱,以及为亲友、家人购买纪念品、礼品等方面的旅游支出,不包括为商业目的购物、购买房、地、车、船等资本性或交易性的投资、馈赠亲友的现金及给公共机构的捐赠。旅游收入包括国际旅游(外汇)收入和国内旅游收入。

18. 国际旅游(外汇)收入： 入境旅游者在中国(大陆)境内旅行、游览过程中用于交通、参观游览、住宿、餐饮、购物、娱乐等全部花费。

19. 国内旅游收入： 指国内旅游者在国内旅行、游览过程中用于交通、参观游览、住宿、餐饮、购物、娱乐等全部花费。

20. 团体入境游客(简称"团队")： 指参加旅游团(通常采用综合包价、小包价、国际会议、海洋游船、应邀来访及临时组织的旅游团等形式)来中国大陆旅游的入境旅游者及入境一日游游客。

21. 提供单项服务人数： 指未参加旅游团来中国大陆旅游或仅由旅行社办理委托手续(包括接送、预订饭店、订机(车、船)票、导游等服务项目),并按零星价格承办而不参加旅行团的入境旅游者及入境一日游游客。

22. 旅行社外联入境游客人数： 指报告期内旅行社自组外联的入境游客人数,反映旅行社对外招徕的能力。旅行社按以下要求统计外联人数:①国际游客入境后不论其停留时间多少、旅游线路长短,只统计一次;②旅行社只统计本社自主外联团的实到人数,非本社外联,仅由本社接受委托办理签证的人数不包括在内。

23. 旅行社接待入境游客人数： 指报告期内旅行社实际接待的团队及零散入境旅游者和入境一日游游客人数,以反映旅行社的接待工作量。旅行社接待入境游客的人数,既包括本社外联并接待的团队游客,也包括接受其他旅行社委托接待的团队游客。

24. 旅行社外联入境旅游者人天数： 指报告期内旅行社外联的每个入境旅游者在境内实际停留的天数之和。仅委托办理有关手续或提供单项服务的零散入境游客不计算人天。外联一日游游客超过 6 小时的按 1 人天统计。

25. 旅行社接待入境旅游者人天数： 指报告期内旅行社接待的每个入境旅游者在本省、市实际停留的天数之和。仅委托办理有关手续或提供单项服务的零散入境游客不计算人天。

26. 国内旅游组团人数(人天数)： 指报告期内旅行社招徕组织国内团队游客人数(人天数)。组团人数包括国内旅游者人数和国内一日游游客人数。

27. 国内旅游接待人数(人天数)： 指报告期内旅行社接待国内团队游客人数(人天数)。接待人数(人天数)包括本社组团本社接待和外社组团本社接待的国内游客人数(人天数)。

28. 旅游住宿设施(旅馆业)： 指任何定期(或临时)为旅游者提供住宿条件的设施。旅游住宿设施包括星级饭店、宾馆、公寓、旅店、招待所、江河及海洋游船、培训中心、疗养院、度假村、假日营地、私人寓所、家庭住宅的出租客房及亲友提供的免费住宿设施等。

29. 星级饭店： 指已评定星级的饭店。

30. 星级饭店接待人数（人天数）： 指报告期内旅游者在星级饭店住宿的人数（人天数）。不论其住宿夜数多少，每接待一位旅游者只统计一次人数；一个旅游者住宿几夜，相应计算几个人天数。

31. 客房出租率： 指报告期内客房实际出租间天数除以报告期内客房可出租间天数的百分数。其计算公式为：

$$客房出租率(\%)=\frac{\sum 客房实际出租间天数(间天)}{\sum 客房核定出租间天数(间天)}\times 100$$

32. 客房实际平均价格： 指报告期内旅游饭店（宾馆）、公寓、涉外游船实际出租客房、公寓的平均价格。其计算公式为：

客房实际平均价格（元/间天）=客房收入（元）/客房实际出租间天数（间天）

33. 营业收入： 指企业各项经营业务的收入。饭店（宾馆）、写字楼、公寓、旅店的营业收入（总额），包括客房收入、餐饮收入、商品部收入、车队收入、其他收入等；旅行社的营业收入（总额），包括综合服务收入、组团外联收入、零星服务收入、劳务收入、票务收入、旅游及加项收入、其他收入等；酒楼、餐馆等饮食企业的营业收入包括餐费收入、冷热饮收入、服务收入、其他收入等；从事咨询服务的咨询公司的服务收入，也计入本科目。

旅行社（不论是组团社还是接团社）组织境外旅游者到国内旅游，应以旅行团队离境（或离开本地）时确认营业收入实现；旅行社组织国内旅游者到境外旅游，应以旅行团旅行结束返回时确认营业收入实现；旅行社组织国内旅游者在国内旅游，也应以旅行团旅行结束返回时确认营业收入实现。

旅行社、旅游饭店营业收入不包括本单位直属其他独立核算企业的营业收入。

34. 营业税金及附加（即业务税金及附加）： 指企业与营业收入有关的，应由各项经营业务负担的税金及附加，包括营业税、城市维护建设税及教育费附加等。饭店（宾馆）、公寓、旅店、酒楼、餐馆等企业应按营业收入的一定比例计算缴纳营业税；旅行社应按营业收入净额（营业收入总额扣除代收代付的房费、餐费、交通费等费用）计算缴纳营业税。

35. 经营利润： 指企业经营取得的收入，也可理解是一种毛利润，经营利润等于营业收入减去营业成本、营业费用、营业税金及附加。

36. 营业利润：是利润总额的主要组成部分。指企业经营利润减去管理费用、财务费用后的差额。

37. 利润总额： 指企业在一定时期内实现的盈亏总额，反映企业最终的财务成果。计算公式为：

利润总额 = 营业利润 + 补贴收入 + 投资收益 + 营业外收入 - 营业外支出

该指标如小于零,表示亏损。

38. 固定资产原价: 指企业在建造、购置、安装、改建、扩建、技术改造某项固定资产时所支出的全部货币总额。

39. 固定资产净值: 指企业固定资产原价扣除累计折旧后的余额。

40. 年末从业人员: 指年度末由企业支付工资的各类职工(包括正式职工、合同制职工、临时工、计划外用工等)的人数。

41. 企业登记注册类型: 以企业在工商部门登记注册时的企业类型为依据,按国家统计局与国家工商行政管理局联合制定的《关于划分企业登记注册类型的规定》分为:内资企业、港澳台商投资企业、外商投资企业。内资企业包括:国有企业、集体企业、股份合作企业、有限责任公司、股份有限公司、私营企业和其他企业。港澳台商投资企业包括:合资经营企业、合作经营企业、港澳台商独资企业和港澳台商投资股份有限公司。外商投资企业包括:中外合资经营企业、中外合作经营企业、外资(独资)企业、外商投资股份有限公司。

42. 旅游高等院校: 指国家承认学历、开设旅游学院(系、专业)的普通高等院校和成人高等院校。

43. 旅游中等职业学校: 指国家承认学历的旅游中等专业学校、旅游职业中学(高中)及开设旅游专业班的技校和普通中学。

TECHNICAL NOTES

1. **Visitor** – refers to any person who travels to a country (or place) other than that of his or her residence for a period not exceeding 12 months for leisure, entertainment, sightseeing, holiday, visiting relatives or friends, medical care, shopping, meeting, or taking part in economic, cultural, sports or religious activities, where the main purpose of the travel is not for remuneration.

A visitor does not refer to any person who commutes between two places regularly for career or education.

According to the origin of the travel, visitors are classified as international visitors (i. e., inbound visitors) and domestic visitors. According to the length of stay, visitors are classified as tourists (i. e., overnight visitors) and same-day visitors (non-overnight visitors).

2. **Country of Residence** – refers to the country (or region) where a person resides for most of the time over the past year, or for a short period of time but then the person returns within 12 months.

3. **Place of Residence** – refers to the city (or town) where a person resides for most of the time over the past year, or for a short period of time but the person returns within 12 month. The criterion to classify whether a visitor is an international visitor or a domestic visitor is not the person's citizenship, but his or her country of residence or place of residence.

4. **International Visitors** (**Inbound Visitor Arrivals**) – refer to foreigners or compatriots from Hong Kong, Macao and Taiwan who come to China within the reporting time frame for sightseeing, holiday, visiting friends and relatives, medical care, shopping, meeting, or taking part in economic, cultural, sports or religious activities. Each time of entry is recorded as one time of arrival, and the total sum makes up the inbound visitor arrivals.

Inbound visitor arrivals (international visitors) include inbound (overnight) tourists and inbound same-day visitors.

5. **Inbound** (**overnight**) **tourists** – refer to those inbound visitors who stay at least for one night at tourist accommodation establishments in China.

Inbound (overnight) tourists do not include following persons:

(1) Officials of ministerial level or above and their aids and escorts who come to visit China at the invitation of Chinese;

(2) Officials and diplomats of foreign diplomatic missions to China, including their household service people and dependents;

(3) Foreign experts, students, journalists, trade representatives who stay in China over one year;

(4) Transit passengers of international flights without going through Chinese frontier checks;

(5) Border residents;

(6) Compatriots from Hong Kong, Macao and Taiwan who reside in the mainland permanently;

(7) Foreigners who has already become residents in the country or who left the country but has returned to reside in the country;

(8) Chinese nationals who return from foreign countries.

6. **Inbound Same-day Visitors** – refer to those inbound visitors who do not stay overnight in the tourist accommodation establishments. They include visitors, drivers, crewmembers who stay overnight on board of cruise ships, yachts, trains or motor vehicles, but they do not include those compatriots from Hong Kong, Macao and Taiwan and those residents of the bordering countries who reside outside (inside) while work inside (outside) China.

7. **Domestic Visitors** – refer to Chinese nationals who travel within the country within the reporting time frame for sightseeing, holiday, visiting friends and relatives, medical care, meeting, or taking part in economic, cultural, sports or religious activities. Their purposes of travel are not for remuneration from the activities afore mentioned. Each time of their travel is recorded as one person time. Domestic visitors include domestic (overnight) tourists and domestic same-day visitors.

8. **Domestic Tourist** – refers to any residents of the country who leaves his or her usual place of residence and travels to another place within the country and stay at least one night but not exceeding 12 months at the tourist accommodation establishments, where the main purpose of the travel is not for remuneration. Domestic tourists should include those foreigners and compatriots from Hong Kong, Macao and Taiwan who reside in the country over one year; They do not include officials at the ministerial level and above on inspection trips, temporary staff members in the offices

in other cities, military staff mobilized to other areas, students studying in other places of the country, government employees on field training, people who travel to another place to reside, and people without fixed residence.

9. **Domestic Same-day Visitor** – refers to a resident of the country who leaves his or her usual place of residence over 10 kilometers away for over 6 hours but less than 24 hours and does not stay overnight in the tourist accommodation establishments in other places.

10. **Citizenship** – refers to the country where the government issues the passport (or other identification documents) to a visitor.

11. **Foreigners** – refer to persons with foreign citizenship, including Chinese descents who have acquired foreign citizenship.

12. **Compatriots of Hong Kong, Macao and Taiwan** – refer to the Chinese compatriots who reside in Hong Kong Special Administrative Region, Macao Special Administrative Region and Taiwan province.

13. **Occupation** – refers to the occupation a visitor holds before the trip.

14. **Outbound Visitor (outbound departure)** – refers to a Chinese (mainland) citizen who departs from China to a foreign country (or region) for leisure, entertainment, sightseeing, holiday, visiting relatives or friends, medical care, shopping, meeting, or taking part in economic, cultural, sports or religious activities. Each time of departure is recorded as one person time. Outbound visitors include outbound (overnight) tourists and outbound same-day visitors.

15. **Outbound Tourist** – refers to a resident of the mainland who departs the country for travel and stays at least one night at the tourist accommodation establishments in another country or region.

16. **Outbound Same-day Visitor** – refers to a resident of the mainland China who makes an outbound travel for less than 24 hours and does not stay overnight in the tourist accommodation establishments in the country or region.

17. **Tourism Receipts** – all the expenditures made by visitors (inbound visitors and domestic visitors) or by representatives of the visitors in the course of their travel constitute the tourism receipts of a country (province, region, city). Tourism expenditures of visitors should include expenses made by (overnight) tourists and same-day visitors throughout their travel on transport, tours, lodging, food, shopping, entertainment, and souvenirs and gifts for friends and relatives. Tourism expenditures do not include purchases of goods, real estate, house, motor vehicle, water vessel for

commercial purposes, neither include capital nor transactional investments, cash given to friends and relatives, donations to public organizations. Tourism receipts include international tourism (foreign exchange) receipts and domestic tourism receipts.

18. **International Tourism (foreign exchange) Receipts** – refer to the total expenditure made by inbound tourists within the territory of China (the mainland) in their course of travel on transport, tours and sightseeing, lodging, food and beverage, shopping, entertainment and etc.

19. **Domestic Tourism Receipts** – refer to the total expenditure made by domestic tourists within the territory of China (the mainland) in their course of travel on transport, tours and sightseeing, lodging, food and beverage, shopping, entertainment and etc.

20. **Group Inbound Visitors ("Groups" for short)** – refer to inbound tourists and same-day visitors who travel to the mainland China as groups (usually the groups are in the form of all-inclusive packages, small packages, international conferences, cruise liners, invited groups and temporarily organized tourist groups).

21. **Number of Visitors Requiring Individual Services** – refer to inbound tourists and inbound same-day visitors who do not join in tour groups but entrust travel agents to handle travel procedures (including pick-up and seeing-off, hotel booking, ticket reservation, guide service etc). The service charges are based on those for walk-in customers.

22. **Number of Inbound Visitors Liaised by Travel Agencies** – refers to the number of inbound visitors liaised by any travel agency within the reporting time frame. It reflects the sales abilities of travel agencies. Travel agencies are required to record the number of inbound visitors according to: (1) Upon arrival, the entry of international visitors is recorded only once no matter how long they will stay and how long their itineraries are; (2) Travel agencies record only the actual arrival number of visitors liaised by the travel agencies concerned, excluding the number of visitors liaised by other travel agencies but whose visas are processed by the travel agencies concerned.

23. **Number of Inbound Visitors Received by Travel Agencies** – refers to the number of group and independent inbound tourists and inbound same-day visitors actually received by the travel agencies concerned within the reporting time frame. This indicator reflects the work load of travel agencies. It includes not only group visitors liaised and received by the travel agencies concerned but also group visitors

entrusted by other travel agencies.

24. **Number of Days of Inbound Tourists Liaised by Travel Agencies** – refers to the sum of the days of actual stay of each inbound tourist liaised by travel agencies concerned in a given area within the reporting time frame.

25. **Number of Days of Inbound Tourists Received by Travel Agencies** – refers to the sum of the days of actual stay of each inbound tourist received by travel agencies concerned in a given area within the reporting time frame.

26. **Number of Domestic Group Visitors (Days)** – refer to the number of domestic group visitors (days) liaised by travel agencies within the reporting time frame. They include domestic group tourists (days) and domestic group same-day visitors (days).

27. **Number of Domestic Visitors (Days) Received by Travel Agencies** – refer to the number of domestic group visitors (days) received by travel agencies within the reporting time frame. They include domestic visitors organized and received by the travel agencies concerned and domestic visitors organized by other travel agencies but received by the travel agencies concerned.

28. **Tourist Accommodation Establishments (Hotel Industry)** – refer to all kinds of establishments that can accommodate tourists regularly or temporarily. They include star-rated hotels, apartments, inns, guesthouses, cruise ships and boats, training centers, sanatoriums, holiday resorts, campsites, private dwellings, family rental rooms and lodging facilities provided by relatives and friends.

29. **Star-Rated Hotels** – refer to accommodation establishments which are star-rated.

30. **Number of Tourists (Nights) Received at star-Rated hotels** – refers to the number of tourists (nights) received at Star-Rated hotels within the reporting time frame. No matter how many nights a tourist stays, each tourist is recorded only once. The number of nights a tourist stays at a hotel equals the number of tourist nights.

31. **Room Occupancy Rate** – refers to the number of rooms (nights) actually sold divided by the number of rooms (nights) available within the reporting time frame. The formula is as follows:

$$\text{Room Occupancy Rate (\%)} = \frac{\text{Number of Rooms (Nights) Actually Sold}}{\text{Number of Rooms (nights) available}} \times 100\%$$

32. **Actual Average Room Rate** – refers to the actual average price of rooms of tourist hotels, apartments and cruise ships. The formula goes:

Actual average room rate (Yuan/Room Day) = Room sales (Yuan) / Actual number of rooms sold days.

33. **Business Income** – incomes from business operations of an enterprise. Business income of hotels, office buildings, apartments and inns includes sales from rooms, catering, shopping, transport services and other incomes; Business income of travel agencies includes inclusive service charges, handling charges from organizing groups, odd services, labor service, ticketing service, tours and extra service charges, and other incomes; Business incomes of restaurants includes food and beverage sales, service charges, and other incomes; Incomes of consulting services provided by consultant firms are also recorded under this item.

For travel agencies (organizing companies and reception companies) handling inbound tourists, only the realized business incomes upon the departure of the tourist groups from the country (or local area) should be recorded as their business incomes; For travel agencies handling outbound tourists, only the actual realized incomes upon returning of the tourist groups should be recorded as their business income; For travel agencies handling domestic tourists, only the actual realized incomes upon returning of the tourist groups should be recorded as their business income. The business income of the travel agencies or hotels does not include that of their subsidiary enterprises which have independent accounting.

34. **Business Tax and Additional Levies** – refer to taxes and additional levies related to enterprises' business income, including business tax, urban maintenance and construction tax, and additional education levies. Business tax of hotels, apartments, restaurants should be paid based on a certain percentage of the business income; Business tax of travel agencies should be paid based on a certain percentage of net income.

35. **Operational Revenue** – refers to incomes gained from business operations. It can be understood as one type of gross profit. Operational revenue equals to business income minus business cost, business expenses, business tax and additional levies.

36. **Business Revenue** – is the main body of the gross profit. It refers to operational revenue minus management fees, accounting fees.

37. **Gross Profit** – refers to the balance of total profits and losses within a given period. This indicator reflects the final accounting result. The formula is: Gross profit = business revenue + subsidies income + investment returns + incomes from outside business activities – expenditures outside business activities. If this indicator is small than zero, it stands for loss.

38. **Original Value of Fixed Assets** – refer to the total cash value of the fixed assets of an enterprise when they are set up, purchased, installed, renovated, expanded or technically upgraded.

39. **Net Value of Fixed Assets** – refers to the balance of the original value of fixed assets and accumulated depreciation.

40. **Employment at the End of the Year** – refers to the total number of employees on the payroll at the end of the year. The employees include formal, contract, temporary staff and recruits outside planned employment.

41. **Category of Enterprise at Registration** – According to the categories of enterprises at registration with industrial and commercial registration offices and basing on the "Regulation on Classifying Categories of Enterprises at Registration" formulated by National Statistics Bureau and National Industrial and Commercial Administration Bureau, enterprises are classified into following categories: domestic-invested Enterprises, enterprises with Investment from Hong Kong, Macao, or Taiwan, foreign-invested Enterprises. Domestic-invested enterprises include state-owned enterprises, collective-owned enterprises, share holding co-operative enterprises, limited liability enterprises, limited liability shares enterprises, private enterprises, and other categories of enterprises; Enterprises with investment from Hong Kong, Macao, or Taiwan include joint-venture enterprises, co-operative enterprises, fully-Hong Kong, Macao or Taiwan-invested enterprises, and limited liability shares enterprises with Hong Kong, Macao or Taiwan investment; Foreign invested enterprises include Sino-foreign joint-venture enterprises, Sino-foreign co-operative enterprises, fully foreign invested enterprises, limited liability shares enterprises with foreign investment.

42. **Higher Learning Institutions in Tourism** – refer to ordinary higher learning institutions or adult higher learning institutions which have tourism institutes or department or specialty and which grant state recognized educational certificates.

43. **Technical Schools in Tourism** – refer to tourism technical schools, or tourism professional middle (high) schools, or other technical schools or ordinary middle schools which offer tourism courses and grant state recognized educational certificates.

责任编辑：王　军
责任印制：冯冬青

图书在版编目（CIP）数据

中国旅游统计年鉴．2010：汉英对照/中华人民共和国国家旅游局编．--北京：中国旅游出版社，2010.10
ISBN 978-7-5032-4042-3

Ⅰ.①中…　Ⅱ.①中…　Ⅲ.①旅游业-统计资料-中国-2010-年鉴-汉、英　Ⅳ.①F592-66

中国版本图书馆 CIP 数据核字（2010）第 198868 号

书　　名：中国旅游统计年鉴 2010

编　　著：中华人民共和国国家旅游局
出版发行：中国旅游出版社
（北京建国门内大街甲 9 号　邮编：100005）
http：//www.cttp.net.cn　E-mail：cttp@cnta.gov.cn
发行部电话：010-85166507　85166517
排　　版：北京中文天地文化艺术有限公司
经　　销：全国各地新华书店
印　　刷：北京建筑工业印刷厂
版　　次：2010 年 10 月第 1 版　2010 年 10 月第 1 次印刷
开　　本：787 毫米×1092 毫米　1/16
印　　张：10
字　　数：220 千
定　　价：80.00 元
I S B N　978-7-5032-4042-3